CANDOMBLÉ: RELIGIÃO DO CORPO E DA ALMA

CARLOS EUGÊNIO MARCONDES DE MOURA
(organizador)

CANDOMBLÉ:
religião do corpo e da alma

Tipos psicológicos nas religiões afro-brasileiras

1ª reimpressão

PALLAS

Rio de Janeiro
2004

© 2000 Carlos Eugênio Marcondes de Moura, Claude Lépine, José Flávio Pessoa de Barros, Maria Lina Leão Teixeira, Monique Augras, Pedro Ratis e Silva e Rita Laura Segato.

Editor
Cristina Fernandes Warth

Organizador
Carlos Eugênio Marcondes de Moura

Produção Editorial
Pallas Editora

Capa
Marcello Gemmal

Revisão
Carlos Eduardo de A. Lima
Wendell S. Setúbal
Léia Elias Coelho
Heloisa Brown

Foto de capa
Édson Engel, "Iaô de Oxalufã"

Todos os direitos reservados à Pallas Editora e Distribuidora Ltda. É vetada a reprodução por qualquer meio mecânico, eletrônico, xerográfico etc. sem a permissão prévia por escrito da editora, de parte ou da totalidade do conteúdo e das imagens contidas neste impresso.

CIP-BRASIL. CATALOGAÇÃO-NA-FONTE.
SINDICATO NACIONAL DOS EDITORES DE LIVROS, RJ

C223 Candomblé: religião do corpo e da alma : tipos psicológicos nas religiões afro-brasileiras / organização de Carlos Eugênio Marcondes de Moura. – Rio de Janeiro : Pallas, 2000

Inclui Bibliografia.
ISBN 85-347-0198-9

1. Candomblé. 2. Tipologia (Psicologia). I. Moura, Carlos Eugênio Marcondes de.

99-0599
CDD 299.67
CDU 299.6.3

Pallas Editora e Distribuidora Ltda.
Rua Frederico de Albuquerque, 56 - Higienópolis
21050-840 - Rio de Janeiro - RJ
Tel.: 2270-0186
pallas@alternex.com.br
www.pallaseditora.com.br

SUMÁRIO

REINTRODUZINDO — *Carlos Eugênio Marcondes de MOURA* / **7**

1. DE IYÁ MI A POMBA-GIRA: TRANSFORMAÇÕES E SÍMBOLOS DA LIBIDO — *Monique AUGRAS* / **17**

2. INVENTANDO A NATUREZA: FAMÍLIA, SEXO E GÊNERO NO XANGÔ DO RECIFE — *Rita Laura SEGATO* / **45**

3. O CÓDIGO DO CORPO: INSCRIÇÕES E MARCAS DOS ORIXÁS — *José Flávio Pessoa de BARROS e Maria Lina Leão TEIXEIRA* / **103**

4. OS ESTEREÓTIPOS DA PERSONALIDADE NO CANDOMBLÉ NAGÔ — *Claude LÉPINE* / **139**

5. EXU/OBALUAIÊ E O ARQUÉTIPO DO MÉDICO FERIDO NA TRANSFERÊNCIA — *Pedro Ratis e SILVA* / **165**

6. LOROGUM – IDENTIDADES SEXUAIS E PODER NO CANDOMBLÉ — *Maria Lina Leão TEIXEIRA* / **197**

REINTRODUZINDO

Carlos Eugênio Marcondes de MOURA
"Morrer não é nada. Não viver é que é medonho."
(Raul de Xangô - um mago)

Esta é, em certo sentido, uma coletânea de coletâneas. A primeira de uma série que não supúnhamos alcançar tamanha longevidade foi *Ólòòrisà – Escritos sobre a religião dos orixás*, lançada em 1981, a que se seguiram *Bandeira de Alairá – Outros escritos sobre a religião dos orixás* (1982), *Candomblé – Desvendando identidades – Novos escritos sobre a religião dos orixás* (1987), *Meu sinal está no seu corpo* (1989), *As senhoras do pássaro da noite* (1994) e *Leopardo dos olhos de fogo* (1999).

A proposta inicial era editorialmente ousada, no momento de sua formulação: recuperar a produção de sociólogos, antropólogos e psicólogos, nacionais e estrangeiros, que elegeram a religiosidade de origem africana no Brasil como campo privilegiado de suas investigações. Para tanto, lhes foi solicitada a colaboração, sob a forma de ensaios inéditos, nos quais eles divulgaram parte de sua produção, em muitos exemplos originalmente elaborada como teses acadêmicas de mestrado ou doutorado, defendidas em instituições universitárias do Brasil e do exterior. Outra linha de estruturação foi a reedição de estudos fora de circulação havia décadas, publicados pela primeira vez em periódicos de acesso relativamente dificultado. Procedeu-se também à tradução de ensaios divulgados no exterior, relacionados aos diversos temas privilegiados nas coletâneas. Seu organizador, Carlos Eugênio Marcondes de Moura, julgou necessário realizar um levantamento bibliográfico extenso sobre a temática abordada, abrangendo obras de referência, catálogos, livros, periódicos, discografia e filmografia, incluindo não apenas o Brasil, mas também Cuba, Haiti, Nigéria e Benin, e que vem acompanhando as coletâneas, tendo chegado, até o momento, a cerca de dois mil títulos, em constante ampliação.

Com exceção dos dois últimos títulos da coleção – se é que podemos assim denominá-la – isto é, *As senhoras do pássaro da noite* e *Leopardo dos olhos de fogo* – os demais estão esgotados. Foi irresistível a proposta editorial da Pallas, no sentido de reeditar doze ensaios publicados nas diferentes coletâneas.

O presente volume – *Candomblé: religião do corpo e da alma* – reúne seis desses ensaios. Em breve, a Pallas publicará outro volume, com ensaios relativos ao panteão das divindades, nas religiões afro-brasileiras, e ao culto dos ancestrais.

Os seguidores das religiões que nos legaram algumas populações negro-africanas, seqüestradas para as Américas pela brutalidade do escravagismo, vivenciam, inspirados por suas divindades – orixás, voduns, inquices – a crença de que a vida é o bem supremo. A recompensa por uma existência vivida em plenitude não se situa numa eterna bem-aventurança, na contemplação infinda do Divino, após a morte. Na concepção dos nagôs, o Ayê, o mundo em que estamos, não é o vale das lágrimas, mas das venturas. Passar do plano supraterrestre do Órun para a realidade material do Ayê não é uma imposição cármica, uma expiação de faltas passadas, mas uma escolha, ditada pelo Ori de cada um, isto é, a cabeça, sede de todo conhecimento, de todo arbítrio e que, por isto mesmo, tem de ser constante e cuidadosamente louvada, zelada, cultuada. É sobre o suporte material do Ori – mas não apenas sobre ele –

que escrevem José Flávio Pessoa de Barros e Maria Lina Leão Teixeira, cujo escrito *O código do corpo: inscrições dos orixás* abre esta publicação. Em uma religião que celebra a vida, ensinam eles, fica fácil perceber que um corpo saudável é requisito essencial, já que problemas físicos, psíquicos e sociais são vistos como algo que possui caráter essencialmente sobrenatural, justificado pelos fatores considerados como responsáveis por sua instalação no corpo humano, e que esses autores enumeram e desenvolvem: ação ou "marca" de um dos orixás sobre alguém escolhido para cumprir a iniciação total ou parcial; ação ou "marca" de um dos orixás sobre um iniciado que tenha negligenciado suas obrigações religiosas e sociais; quebra de regras, transgressões de tabus alimentares ou de interditos sexuais estipulados pelos laços de parentesco inerentes à família-de-santo; contaminação pelo contacto com os "eguns", espíritos de mortos, e pela fraqueza decorrente de contato com a morte. Os autores elaboram um sistema classificatório de sintomas e doenças, observando que as representações em torno deles congregam um inter-relacionamento simbólico, que associa e une as diferentes partes do corpo, os orixás, seus mitos e histórias, bem como os princípios da organização social. Barros e Teixeira também se referem ao sistema próprio de classificação das espécies vegetais consideradas fundamentais e essenciais para o bom andamento da vida dos participantes do candomblé. Plantas, ervas, arbustos, árvores são utilizados a partir de um sistema classificatório que os diferencia, separa e ordena como elementos ligados aos orixás. As espécies vegetais são concebidas como elementos de ligação entre o humano e o divino e também como fonte de axé.[1] Rituais de limpeza e purificação, realização de oferendas propiciatórias são alguns dos procedimentos terapêuticos desenvolvidos nos terreiros de candomblé, e

---

1. De José Flávio Pessoa de Barros. A Pallas, em co-edição com a UERJ, publicou *O segredo das folhas – sistema de classificação de vegetais no candomblé jeje-nagô do Brasil* (1993), originalmente tese de doutorado defendida na USP, o primeiro estudo sistemático que se fez sobre este tema.

mostram como a comunidade religiosa pensa e resolve os problemas que lhes são trazidos.

No escrito de Claude Lépine – *Os estereótipos da personalidade no candomblé*[2] – voltamos a nos deparar com sistemas de classificação, que obedecem a princípios lógicos, relativos a determinadas categorias entre as quais se repartem os orientes, os dias da semana, os elementos da natureza, os deuses, os vegetais, os animais, os tipos humanos. As divindades se ligam a determinada cor, a determinados elementos ou forças primordiais, plantas, animais. Elas possuem, cada qual, seu temperamento e, de acordo com as crenças dos fiéis do candomblé, os seres humanos a elas consagrados herdam e reproduzem esse temperamento. Classificar as pessoas, explicar seu comportamento, determinar expectativas tomando os orixás como referência é postura constante na vida cotidiana desses fiéis. Reportando-se à sabedoria dos iniciados no candomblé jeje-nagô da Bahia, a autora ressalta a importância que, para eles, tem o sistema de classificação dos tipos psicológicos. O temperamento dos deuses é uma das chaves para a explicação do ritual, das obrigações e dos interditos de cada um. Tal sistema permite classificar e julgar as pessoas de acordo com o que se sabe de seu orixá, explicar e prever o seu comportamento; proporciona aos fiéis modelos de personalidade e padrões de comportamento condizentes com estes últimos. A autora mostra também que essa psicologia popular vem sendo elaborada, enriquecida, diversificada, o que evidencia um dos aspectos mais dinâmicos do candomblé e onde mais se revela a imaginação popular. Em seu ensaio, Lépine nos oferece uma idéia da concepção do homem, dos modelos da personalidade e da classificação lógica desses tipos

---

2. Um estudo mais aprofundado sobre o tema encontra-se na tese de doutorado de Claude Lépine intitulada *Contribuição ao estudo do sistema de classificação dos tipos psicológicos no candomblé kétu de Salvador*, apresentada em 1978 no Departamento de Ciências Sociais da Faculdade de Filosofia, Letras e Ciências Humanas da USP.

no sistema nagô de pensamento; mostra que o crescimento do candomblé se explica parcialmente porque sua "psicologia" atende aos anseios de certas categorias de cidadãos brancos.

Do modelo jeje-nagô, predominantemente baiano, passamos para o universo do xangô pernambucano, estudado por Rita Laura Segato em *Inventando a natureza: família, sexo e gênero no xangô do Recife*.[3] Nesse culto, de tradição nagô, um dos motivos recorrentes, tanto nas representações quanto na organização social de seus membros, é o esforço sistemático de liberar as categorias de parentesco, de personalidade, de gênero e de sexualidade das determinações biológicas e biogenéticas a que se encontram ligadas na ideologia dominante da sociedade brasileira. Nesses cultos xangô, há também um esforço no sentido de remover o matrimônio da posição primordial que ele ocupa na estrutura social. A autora elabora o princípio de indeterminação biogenética e a concepção do matrimônio e da família, próprias do xangô, e que ela desenvolverá amplamente em seu ensaio: 1) a prática de atribuir "santos-homem" e "santos-mulher" indistintamente a homens e mulheres como tipos de personalidade; 2) o tratamento dado pelos mitos aos papéis femininos e masculinos dos orixás que formam o panteão e as relações que eles mantêm entre si; 3) a visão crítica dos membros do xangô com relação aos direitos derivados da maternidade de sangue ou biogenética; 4) a importância dada à família fictícia que é a "família-de-santo" e à adoção de "filhos de criação" em detrimento do parentesco baseado em laços de sangue; 5) a definição dos papéis masculinos e femininos dentro da família-de-santo: 6) a bissexualidade da maioria dos membros masculinos e femininos do culto, assim como as noções relativas à sexualidade que se revelam no discurso e na prática. Esses

---

3. *Santos e daimones – o politeísmo afro-brasileiro e a tradição arquetipal* (Brasília, Editora da Universidade de Brasília, 1995) é o desdobramento da tese de doutorado da autora, defendida em 1984 em The Queen's University of Belfast, Irlanda, onde se encontram substancialmente ampliadas suas colocações.

aspectos descrevem conceitos e comportamentos dos membros iniciados ou iniciantes do culto xangô. Segato retoma as observações de Lépine relativas aos orixás como descritores femininos e masculinos da personalidade. A relação de equivalência que se estabelece entre os membros do culto e os orixás do panteão baseiam-se em similaridades de comportamento entre fiéis e divindades. Os orixás servem, assim, como uma tipologia para classificar pessoas de acordo com sua personalidade. Em suas conclusões, a autora observa que, ao relativizar o biológico e ao tratar peculiarmente a identidade de gênero, os membros do xangô postulam a independência da esfera da sexualidade, deixando transparecer a premissa implícita na fluidez e na liberdade do desejo humano, só com dificuldade subordinável a categorias essenciais ou identidades rígidas.

Outra voz que não a do antropólogo ou do sociólogo, que tomaram o espaço da religiosidade afro-brasileira como objeto de suas investigações científicas, se faz ouvir no ensaio de Pedro Ratis e Silva, *Exu/Obaluaiê e o arquétipo do médico ferido na transferência*. Psicanalista de orientação junguiana, o autor parte do relato de vivências de uma infância marcada pela carência e pelo sofrimento físico (doenças de pele), reportando-se a sonhos que se repetiam em torno de um ser estranho, de cabeça ovóide, cheio de marcas e pintas, que mais tarde se apresentava inteiramente recoberto de palha e que bem mais tarde, já no exercício de sua profissão, ele vem a reconhecer, em suas características, como o orixá Obaluaiê, o senhor da vida e da morte, a divindade das doenças, sobretudo aquelas ligadas às erupções cutâneas, à variola, à peste. Após essa constatação, seguida de outras vivências profundas, em que retornaria a figura do orixá, o autor, até então completamente apartado do universo mítico do candomblé, sobre o qual não tinha maiores conhecimentos, procura compreender, em seu escrito, um pouco mais de sua vida e de um material clínico que, com muita freqüência, surge em sua experiência psicoterápica: o fenômeno da transferência manifestando-se ao nível da pele. Busca, na literatura disponível (Pierre Verger, Juana Elbein dos Santos), novas informações, e a figura de Exu, com suas polaridades e inversões, faz lembrar que Obaluaiê, com seu Exu, seu princípio dinâmico do existir não é apenas sofrimento e morte, mas também transformação e vida. Exu e Obaluaiê encontram-se na pele e, entre as múltiplas e elaboradas colocações do autor, evoque-se aquela em que ele se refere ao desenvolvimento da consciência, em condições normais, sem grandes adversidades existenciais. Então a pele apenas necessita de suas aberturas naturais – poros, boca, olhos, narinas, ouvidos, ânus, genitais – para desempenhar seu papel estruturante como zona erógena e "gnoseógena". A pele e suas descontinuidades funcionam simbolicamente como oportunidades de contacto entre consciente e inconsciente, com Exu fazendo as vezes de simples porteiro. O eixo ego-self está livre de conflitos, mas há momentos em que a existência interfere contingencialmente no processo, alterando a permeabilidade do sistema. Surgem então as defesas ao longo do eixo ego-self e as afecções da pele podem sinalizar essas ocorrências. Talvez, para o autor, elas fossem comparáveis a epifanias de Obaluaiê/Omolu/Xapanã, com seus Exus, forças curativas arquetípicas, mobilizados agora para reabrir os caminhos obstruídos. Durante a análise, feridas e cicatrizes são reativadas, podendo surgir no corpo ou em qualquer outra coluna do eixo ego-self. "Sinais" de Obaluaiê, Omolu, Xapanã "irrompem na simbiose transferencial, e é necessário que o médico se deixe ferir por eles, para que no ferido possa emergir o médico", observa o autor, numa das passagens mais essenciais deste estudo tão iluminador e rico de sugestões.

Em sua dissertação de mestrado intitulada *Transas de um povo de santo: um estudo sobre identidades sexuais*, Maria Lina Leão Teixeira focalizou o estreito relacionamento entre identidades sexuais/divisão de trabalho/poder, nos terreiros de candomblé por ela investigados no Rio de Janeiro. No presente ensaio, *Lorogun – Identidades sexuais e poder no candomblé,* a autora repensa os terreiros de candomblé como um espaço masculino e não como um espaço primordialmente feminino, conforme têm sido percebidos por estudiosos, literatos e público, de maneira geral. A sexualidade e suas representações, nos terreiros, são vistas, segundo ela, como mecanismos ou estratégias de poder. A existência de quatro identidades sexuais e de seus respectivos papéis, que ela explicitará ao longo de seu ensaio, reconhecidos e legitimados no âmbito do *povo de santo* de Salvador e do Rio de Janeiro, conduz à necessidade de pensar tais identidades como parte de um sistema classificatório, o que, por sua vez, leva a considerá-las como manifestações do poder inerente ao ato de classificar, que, por si só, subentende uma hierarquização, assim como um *ethos* e uma visão de mundo particulares. Os valores específicos do *povo de santo*, no entanto, somam-se ou fundem-se com as idéias dominantes na sociedade mais ampla. Assim, não se pode falar de um sistema simbólico independente, no âmbito do candomblé, mas sim da reprodução ou reinterpretação, parcial ou integral, do discurso hegemônico sobre a questão da sexualidade e de seu exercício, presente na sociedade brasileira abrangente, conforme foi colocado pelo antropólogo Peter Fry, citado pela autora. Retomando a questão da sexualidade, a autora mostra que ela está inscrita na lógica da vida social dos terreiros, onde não só falam dela, como a ritualizam nas várias instâncias da vida social. A aceitação de identidades sexuais estigmatizadas ou marginalizadas na sociedade abrangente promove, por um lado, a peculiaridade da visão do mundo e do *ethos* do povo de santo e, por outro, propicia uma hierarquização diferenciada das categorias ou "classes" sexuais, na qual, entretanto, fica mantida a relação de dominação/subordinação.

Que aspectos da sexualidade feminina têm sido privilegiados, em termos de mitos, pelos adeptos das religiões brasileiras de origem africana? Para responder a esta interrogação, Monique Augras, em seu ensaio *De Iyá Mi a Pomba-Gira: transformações e símbolos da libido*, assume, como hipótese de trabalho, que, ao partir de imagens míticas que se referem explicitamente ao poder genital feminino, as representações brasileiras têm sofrido processo de progressiva pasteurização, ao serem difundidas na sociedade mais ampla. Assim é que os terreiros tradicionais de candomblé mantêm o culto dos deuses em toda sua complexidade – embora de modo bastante discreto no que se refere aos aspectos mais ameaçadores da sexualidade feminina –, enquanto a umbanda parece ter promovido, em torno da figura de Iemanjá, um esvaziamento quase total do conteúdo sexual. Essa sublimação – ou repressão? – deu ensejo ao surgimento de nova entidade, criação puramente brasileira, a Pomba-gira, que a autora vê como síntese dos aspectos mais escandalosos que pode apresentar a livre expressão da sexualidade feminina, aos olhos de uma sociedade ainda dominada por valores patriarcais.

Mães, esposas, amantes, as Aiabás, as rainhas, termo que designa os orixás femininos, são as ancestrais poderosas, cultuadas ao lado das Iyami Oxorongá, as terríveis Mães Ancestrais, as senhoras do pássaro da noite, as Awon Iyá, mães do segredo, andróginas, que contêm em si todas as oposições, o Bem e o Mal, a feitiçaria e a antifeitiçaria, seres redondos, primordiais. São muitos os mitos que, no candomblé tradicional, fazem referência à sexualidade das Aiabás, vivida em toda sua plenitude e multiplicidade. A umbanda, porém, moraliza a figura de Iemanjá, mãe de todos os orixás, assimilando-a com Nossa Senhora, mãe de Deus. Nela se condensam as características das diversas entidades femininas da umbanda. Ela torna-se, segundo Augras, pura sublimação da sexualidade. A umbanda, porém, produz o seu contrário: a Pomba-gira, entidade sensual, agressiva, originariamente Bombojira, equivalente congo do Exu iorubá. O perigo que ela representa relaciona-se claramente com a sexualidade, e ela está ligada à desordem. No entanto, a umbanda recupera essa figura transgressora, controlando-a, bem como a subversão que ela representa, para favorecer a ordem vigente e reafirmar os valores tradicionais da sociedade patriarcal.

DE IYÁ MI A POMBA-GIRA:
Transformações e Símbolos da Libido

Monique AUGRAS *

"Eu sou eterna."
(Palavras de Pomba-gira incorporada)

A presente comunicação[1] objetiva descrever que aspectos da sexualidade feminina têm sido privilegiados, em termos de mitos, pelos adeptos das religiões brasileiras de origem africana.

Minha hipótese de trabalho é a de que, partindo de imagens míticas que se referem explicitamente ao poder genital feminino, as representações brasileiras têm sofrido processo de progressivas "pasteurizações", por assim dizer, ao serem difundidas na sociedade mais ampla. Enquanto os terreiros tradicionais de candomblé mantêm o culto dos deuses em toda sua complexidade (ainda que de modo bastante discreto no que diz respeito aos aspectos mais ameaçadores da sexualidade feminina), a umbanda parece ter promovido, em torno da figura de Iemanjá, um esvaziamento quase total do conteúdo sexual. Tal sublimação (ou repressão?) deu ensejo ao surgimento de nova entidade, pura criação brasileira, a Pomba-gira, síntese dos aspectos mais

---

* (Fundação Getúlio Vargas) Nascida na França, onde se formou em Psicologia, com doutorado pela Sorbonne, residente no Brasil desde 1961, é professora titular do Programa de Pós-graduação em Psicologia da PUC-Rio.

1. O presente trabalho reproduz o texto de conferência proferida no dia 26.10.87 no V Ciclo de Estudos sobre o Imaginário — *Imaginário e Sexualidade* — organizado pela Fundação Joaquim Nabuco em Recife.

escandalosos que pode representar a livre expressão da sexualidade feminina aos olhos de uma sociedade ainda dominada por valores patriarcais.

1. O Poder das Grandes Mães

Entre os iorubás, o poder feminino é sintetizado por um termo coletivo, *Awon Iyá wa*, "nossas mães", que são particularmente homenageadas na ocasião do festival Gèlèdè realizado entre março e maio, antes do começo das chuvas. O objetivo do Gèlèdè é precisamente aplacar as terríveis mães ancestrais para que a fecundidade dos campos se possa processar. As cantigas evocam de maneira não-equívoca as características que fazem das Grandes Mães, designadas ainda mais diretamente pela forma singular *Iyá mi*, "minha mãe", as donas de tão poderoso axé:

> *Mãe destruidora, hoje te glorifico:*
> *O velho pássaro não se esqueceu no fogo.*
> *O pássaro doente não se esqueceu ao sol.*
> *Algo secreto foi escondido na casa da mãe...*
> *Honras a minha Mãe!*
> *Mãe cuja vagina atemoriza a todos.*
> *Mãe cujos pêlos púbicos se enroscam em nós.*
> *Mãe que arma uma cilada, arma uma cilada.*
> *Mãe que tem montes de comida em casa*

(Drewal, *In*: Pemberton, 1982, p. 56).

Na simbologia iorubá, o pássaro representa o poder procriador da mãe. As penas do pássaro, como as escamas do peixe, aludem ao número infinito de descendentes, que estão, por assim dizer, implicitamente presentes no corpo materno. Nada pode aquecer o velho pássaro porque ele mesmo é fonte de calor, de vida. Esse poder é essencialmente misterioso, secreto, escondido no âmago do corpo da mãe, casa e morada. O medo de ficar preso para sempre dentro do corpo materno é claramente assumido, pois que cilada é essa, senão a própria vagina aterradora?

Falar claramente desse tema constitui, conforme Carneiro da Cunha, transgressão própria dos cultos que promovem a inversão dos valores sociais para permitir a regressão periódica do mundo, como é o caso do *Gèlèdè*: "A finalidade principal é aplacar, mimar, agradar as Iami e, para tanto, a comunidade masculina abdica de suas prerrogativas de homens (dançam vestidos de mulher) para agradarem totalmente às mães ancestrais (...) Há uma grande licença verbal. Adultos e crianças falam livremente dos enormes pêlos, da imensa vulva de Iami" (Carneiro da Cunha, 1984, p. 6). Vale dizer: o poder da mãe é tão terrível, que só pode ser evocado pela sátira ou pela mascarada. Afirmar sua realidade implica a desvalorização do poder masculino.

De acordo com Waldeloir Rego (1980), há uma história do odu *Òsá Méjì* que conta como *Iyá Mapo*, a "Mãe da Vagina", recorreu aos bons ofícios de Iyá mi Oxorongá — que constitui um dos aspectos mais aterradores da Grande Mãe —, para colocar o sexo "no devido lugar na mulher". Várias partes do corpo tinham sido experimentadas como localização da vagina, mas todas se revelaram inconvenientes. Foi Exu que, mediante ebó "feito com duas bananas e um pote", acertou o lugar definitivo, "bem como o do pênis no homem, do qual Exu é o dono". Como se vê, para o sexo assumir sua correta posição, é preciso que o poder masculino e o poder feminino trabalhem de comum acordo.

O que assusta, porém, no caso da Grande Mãe, é sua inteireza. "Ela é a matriz primeira da qual surge toda a criação" (Carneiro da Cunha, 1984, p. 6), ou, para citar outra cantiga do Gèlèdè.

Mãe todo-poderosa, mãe do pássaro da noite (...)
Grande mãe com quem não ousamos coabitar
Grande mãe cujo corpo não ousamos olhar

Mãe de belezas secretas
Mãe que esvazia a taça
Que fala grosso como homem,
Grande, muito grande mãe no topo da árvore iroko,
Mãe que sobe alto e olha para a terra
Mãe que mata o marido mas dele tem pena

(Beier, *In*: Pemberton, 1982, p. 192).

Origem de todos nós, a mãe é inteiramente sacralizada. O seu poder, como sua beleza, reside no âmago do segredo da criação. Ela basta a si própria, fala grosso como homem, olha-nos do alto da árvore iroko, assumindo portanto características bem fálicas; o seu marido desempenha rápido papel fecundante, qual zangão, e depois ela o mata. "Ela é o poder em si, tem tudo dentro do seu ser. Ela pode tudo. Ela é um ser auto-suficiente, ela não precisa de ninguém, é um ser redondo, primordial, esférico, contendo todas as oposições dentro de si. *Awon Iyá wa* são andróginas, elas têm em si o Bem e o Mal, dentro delas elas têm a feitiçaria e a antifeitiçaria, elas têm absolutamente tudo, elas são perfeitas" (Carneiro da Cunha, 1984, p. 8).

É praticamente impossível lidar-se diretamente com poder tão absoluto, a não ser nos momentos privilegiados da promoção ritual do caos, como o festival Gèlèdè. Em conseqüência, ocorre o desdobramento do poder da Grande Mãe Ancestral nas diversas figuras das divindades femininas. Para que haja trocas, para que a sociedade se organize, é preciso que o poder feminino e o masculino se oponham e se completem. Vários mitos relatam como deuses masculinos, por astúcia e ardil, conseguem despojar a Grande Mãe de parte de seu poder. Nos terreiros brasileiros, é bem conhecido o caso de Oxalá com Nanã. Seduzindo-a, roubou-lhe a exclusividade do poder sobre os espíritos dos mortos. Para tanto, vestiu-se de mulher, fingiu que era Nanã, e, por assim dizer, domesticou os temíveis Egungun que, até então, faziam tudo o que ela mandava (Augras, 1983, pp. 136-138). Para desapossar a

Grande Mãe do seu poder, é preciso pagar o preço. Oxalá usa saia até hoje.

Nanã, no entanto, ainda permanece como imagem amedrontadora da mãe que, tendo o poder da vida, possui também o poder da morte. Outras Iabás conservam igualmente características ameaçadoras, ainda que hoje bastante veladas. Entre nós, Obá continua sendo homenageada como patrona das sociedades secretas das mulheres. Iansã, heroína como Nanã de um mito em que o poder é retirado das mulheres pelos homens, defendidos nesse caso por Ogum, que também recorre à mascarada para chegar a seus fins, continua no entanto sendo a "Rainha e Fundadora da Sociedade Secreta dos Egungun na terra" (Santos, J.E., 1976, p.123). Além disso, sua fama de feiticeira é bem estabelecida. "Iansã é cheia de magias", isso é ponto pacífico nos terreiros da Bahia e do Rio de Janeiro.

Oxum, cujo poder se relaciona claramente com a fecundidade, é personagem de um mito conhecido, em que um simbolismo transparente mostra que até mesmo Oxalá supera o tabu da menstruação para prosternar-se aos pés da representante do poder feminino. Transformando em penas vermelhas de papagaio-da-costa o sangue que gotejava do corpo de uma sacerdotisa, Oxum ouve Oxalá declarar: "Nunca hei de me separar desta pena vermelha que é ekodidé e que será o único sinal desta cor que carregarei sobre o meu corpo"(Santos, D.M., 1966, s/p). Do mesmo modo, Iemanjá, mãe da possibilidade de ser, Dama das Origens, é exaltada em seu papel fecundo, sem que seu poder seja percebido como ameaçador. Parece que tais deusas representam exclusivamente o aspecto de mãe boa.

Nessa perspectiva, infere-se que a divisão do poder de procriação com os deuses masculinos tem como conseqüência o despojamento dos aspectos da Grande Mãe Ancestral. A partir do momento em que os papéis se vão diferenciando, divindades masculinas e femininas individualizam-se, os poderes são distribuídos, cada entidade responde por um aspecto específico. Há, contudo, como que um poder residual que permanece indômito, impermeável, às investidas dos valores patriarcais, e no qual se condensam todas as potencialidades negativas. É o poder de *Àjé*, temíveis feiticeiras, tão terríveis que não se lhes pronuncia o nome. São aludidas como *Eleiye*, Dona do Pássaro, pois também formam um coletivo que, na verdade, expressa a síntese dos poderes da mãe terrível, reduzida agora aos aspectos aterradores, e que se chama *Iyá mi Oxorongá*.

Quando se pronuncia o nome Iyá mi Oxorongá *quem estiver sentado deve se levantar, quem estiver de pé fará uma reverência, pois esse é um temível orixá, a quem se deve respeito completo (...) É a dona da barriga e não há quem resista aos seus ebós fatais (...) Com* Iyá mi *todo cuidado é pouco, ela exige o máximo de respeito.* Iyá mi Oxorongá, *bruxa e pássaro* (Amado, 1979, p. 32).

Diversos são os meios de aplacar a terrível deusa, que é ainda cultuada no Brasil. Já tive a oportunidade de ver-lhe o assento na Bahia, grande jarro enterrado no chão, ventre cheio de coisas misteriosas.

Via de regra, *Iyá mi Oxorongá* não se costuma apresentar em sua singularidade, antes reveste a figura das bruxas ou até mesmo se expressa no poder de certos orixás femininos menos conhecidos. Seria, por exemplo, o caso de *Apáoká*, a jaqueira, a "verdadeira mãe de Oxóssi". Conforme tradições africanas, é "a árvore ao pé da qual o caçador encontrou mel, e em cujo redor desenvolveu-se a cidade de Kétu, substituída em Salvador pela jaqueira" (Lépine, 1978, p. 252). De acordo com uma informante, sacerdotisa com casa-de-santo no Grande Rio, "Apáoká é o santo da jaqueira, é uma das *Iyá mi*, é a mãe de Oxóssi, e um aspecto de *Iyá mi Oxorongá*. Tem um tabu, para não falar o nome deste orixá". Seja como for, todo terreiro costuma ter jaqueira, mas não colhem as jacas, deixam-nas cair no chão, pois não se pode comer, "por causa de Apáoká".

Mas, geralmente, a tradição parece reduzir *Iyá mi Oxorongá* à força que se manifesta no poder das *Àjé*, as feiticeiras. Informa Rego (1980) que as *Àjé* "foram paridas pelo *odu Òsá Méjì*". Vale lembrar que é uma história do mesmo odu que nos fez conhecer *Iyá Mapo*, a "mãe da vagina", e certamente esse tema está relacionado com a caracterização de *Iyá mi Oxorongá*, em termos mais gerais, como "dona da barriga". As histórias do *odu Òsá Méjì* recolhidas por Bascom (1980) tratam principalmente de Iansã e Oxum, com predomínio das temáticas de fecundidade. Interessante é que a comida votiva de Oxum, *omolucum*, feita de feijão fradinho amassado com camarão seco, cebola, azeite-de-dendê, e encimada por dezesseis ovos cozidos colocados em pé, constitui precisamente oferenda feita por Oxum para se livrar das *Àjé*. Diz uma informante: "Os ovos do *omolucum* foram ebó que ela fez para as *Àjé*, por isso, a gente nunca pode comer." Vale dizer: o ovo, símbolo de vida, fecundação, de fertilidade, torna-se comida de morte. Tanto Oxum como *Àjé* são particularizações do poder eterno das Grandes Mães e, por isso mesmo, a primeira pode neutralizar as demais. Seus poderes respectivos têm, no fundo, a mesma origem.

Verifica-se, nesses poucos exemplos, que nas casas tradicionais de candomblé permanecem vivos os valores referentes ao poder das Mães Ancestrais, cultuando a terrível *Iyá mi Oxorongá* ao lado das Iabás, ou seja, das Rainhas, nome geralmente dado entre nós às divindades femininas.

A exaltação da fecundidade, no entanto, não esgota o significado da sexualidade feminina. No candomblé brasileiro, as Iabás não são descritas apenas como mães, mas também como esposas e amantes.

É sabido que Iansã, assim como Oxum, manteve ligações com praticamente todos os orixás masculinos. De acordo com as informantes, aliás, as histórias são contadas de modo diferente. Ao mesmo tempo que são relatadas as aventuras sucessivas de Oiá-Iansã, por exemplo (vide Augras, 1983, pp. 142-143 e 151-157), com Oxóssi, Ogum, Xangô, Ossâim, Omolu e Exu, ouve-se dizer que Oiá-Onira é uma Iansã casada com Ogum, e que a esposa de Xangô, na verdade, é Oiá-Petu, a dona do vento (Lépine, 1978). Isso sugere que a designação Oiá-Iansã é genérica, agrupando uma série de divindades oriundas de diferentes cidades africanas, hipótese essa que se torna bastante consistente quando se verifica que, sob o mesmo vocábulo, são encontrados, entre outros contrastes, uma deusa agrária, um orixá do vento e do raio e a mãe dos espíritos ancestrais. A mesma observação pode ser feita em relação a Oxum. Oxum-Iyanlá (a avó) "era uma mulher poderosa e guerreira, que ajudava Ogum Alagbedé, seu esposo, na forja", no dizer de Verger (1981, p. 175). Outra Oxum, Ié Ié Okê, guerreira de arco e flecha, é mulher de Oxóssi. Mas como sua grande rival Iansã, Oxum é mesmo conhecida como esposa de Xangô e inúmeras são as versões que contam os detalhes dos seus amores (Augras, 1983, pp. 163-165).

O agrupamento, sob única denominação, de divindades com características diferentes, e, portanto, consortes variados, teria tido, como conseqüência prática, a atribuição de diversas aventuras a Iansã e a Oxum. O que nos interessa aqui, porém, é menos a justificativa histórica do que a observação que, nos terreiros brasileiros de hoje, essas divindades femininas são vistas como possuidoras de uma libido exigente e que, tais como seus parceiros, têm intensa vida amorosa.

Entre as Iabás, Nanã ocupa um lugar específico. Velha, muito temida, parece ter mantido imagem mais ligada às antigas *Iyá mi*. É dada como amante ou esposa mais velha de Oxalá que, ao seduzi-la, roubou parte de seus poderes, mas em troca fez dela mãe de Omolu e Oxumarê. De acordo com um informante, contudo, Nanã teria tido uma ligação com Xangô:

"Saiu Xangô pelo mundo, teve um caso com Nanã. Ele ficou louco, todo arrebentado, vagando pelos matos. Foi um babalaô que o salvou, fazendo um ebó para Nanã com cágado, aí botou o casco do cágado como um capacete na cabeça de Xangô." Esse episódio parece afirmar, mais uma vez, as características ameaçadoras das Grandes Mães Ancestrais. Qualquer relacionamento com elas é sumamente perigoso e Xangô, o grande macho triunfante, sedutor de todas as mulheres, aprendeu à sua custa que não se pode lidar impunemente com as antigas representantes do poder feminino. O mesmo informante, sacerdote com mais de 25 anos de "feito" na nação Keto, acrescenta que esse poder temível permanece evidente nas diversas "qualidades" de deusas que usam a espada: "Para as Iabás de espada se mata bicho macho *castrado*, ora se criam capões, ora se castra bode ou carneiro na hora. Tudo o que empunha espada, tem a ver com castração." Isso se aplica, portanto, a Iemanjá também, tida como a grande mãe da maioria dos orixás, e que tem, entre suas diversas "qualidades", várias caracterizações com espada na mão. É o caso de Ogumté, casada com Ogum.

É costume considerar-se que Iemanjá é a esposa de Oxalá e várias lendas aludem à sua rivalidade com Nanã. Mas, novamente, encontramos tradições que dão Iemanjá como amante de Orumilá, de quem teve Ifá, o oráculo, e de Orânhiã, o fundador da cidade de Oyó. Sob o nome de *Iyá Massé*, Iemanjá unida a Orânhiã, deu início à sagrada dinastia dos primeiros reis de Oyó. Sabemos que sacerdotes e príncipes daquela cidade, vendidos como escravos na primeira metade do século passado, contribuíram significativamente para a fundação dos grandes templos tradicionais da Bahia. Foi *Iyá Massé* que deu nome ao terreiro de Gantois, *Ilê Iya Omin Axé Iya Massé*, "casa da Mãe D'água, força sagrada de Iyá Massé". O Engenho Velho, por sua vez, mantém a seguinte tradição:

Ogiyān (Oxalá novo) veio viajando para cá montado em tronco de árvore. No meio das águas do mar, encontrou Yémójá

Ògúnté. *Durante a viagem, nasceu um filho deles, Ògunjá. E foi assim que eles chegaram aqui* (Barros, 1983, p. 42).

Como se vê, as grandes mães não ficaram morando lá na África. Vieram para cá para proteger seus filhos e participar da fundação dos grandes templos.

Em relação a Iemanjá, aparece outro tema, o do incesto. A partir da publicação, em 1894, do livro de A.E. Ellis *The Yoruba speaking people*, avidamente lido por Nina Rodrigues e retomado mais tarde por Arthur Ramos, difundiu-se entre nós o mito pelo qual Orungan, filho de Iemanjá com Aganjú, violentou a mãe que, em conseqüência, deu à luz todos os demais deuses do rio e do mundo. De acordo com Verger (1982), essa lenda foi copiada por Ellis de texto de 1844, da autoria do Pe. Baudin, missionário francês. Interessante é observar como o incesto de Orungan foi desenvolvido e repetido pelos pesquisadores sucessivos, que, no entanto, não se furtaram a registrar o desconhecimento desse mito pelo povo-de-santo. O próprio Nina Rodrigues pondera: "É de crer que esta lenda seja relativamente recente e pouco espalhada entre os nagôs. Os nossos negros que dirigem e se ocupam do culto iorubano, mesmo os que estiveram recentemente na África, de todo a ignoram e alguns a contestam" (1977, p. 223).

Meio século mais tarde, Bastide atribui à influência católica a recusa do incesto pelos seus informantes. Iemanjá seria "identificada freqüentemente com a Imaculada Conceição. Como, nesse caso, aceitar que ela tenha esposado o irmão (Aganjú) e que tenha sido violada depois por seu próprio filho? O mito do nascimento dos principais orixás saindo do ventre de Iemanjá que se abre (...) choca a mentalidade mais puritana do negro brasileiro de hoje" (1971, p. 354).

A primeira hipótese que ocorre é que a lenda de Iemanjá violentada por Orungan seria fruto, digamos assim, da capacidade criadora do Pe. Baudin, ampliada e enriquecida pelas contribuições pessoais de Ellis. Essa parece ser a posição de Verger (1982), e o fato de Nina Rodrigues, tão atento ao discurso de seus informantes, velhos africanos de raiz, nada ter encontrado entre eles a esse respeito parece depor a favor dessa hipótese.

Seja como for, o papel dos pesquisadores como difusores de mitos não pode ser subestimado. Como bem observou Motta (1982, p. 3), "o candomblé busca sua teologia nos estudos antropológicos. Assumimos o papel de doutores da igreja", e, acrescentaria eu, é comum encontrar, nos terreiros mais recentes, estantes com as obras dos principais pesquisadores da área. Esses escritos passam a representar fonte de conhecimentos litúrgicos e míticos. Deste modo, é de esperar-se que, embora discutível, essa lenda de Iemanjá tenha sido absorvida pelo grupo religioso, passando portanto a integrar o seu acervo mítico. Será que isso ocorre?

Em minha experiência de campo, este não é um tema freqüentemente explicitado. Somente encontrei referências em relação não a Orungan, que parece praticamente desconhecido, mas a Xangô, e sem contexto de mito de origem, tal como foi contado por Baudin e Ellis. O mesmo pai-de-santo que citei acima, informante quase incansável de tudo que diz respeito à vida amorosa de Xangô, contou:

"A primeira mulher que Xangô teve como homem foi a mãe dele, Iemanjá. Foi por isso que Oxalá falou: 'já que vocês são dois carneiros que bebem da mesma cuia, vão ficar juntos para sempre', daí o assento de Iemanjá é sempre ao lado de Xangô."

É fato que esse assento de Iemanjá, junto com o de Oxum e de Iansã, é colocado no "quarto" de Xangô. Mas não é menos verdade que o assento de Nanã acompanha igualmente o dos filhos Omolu e Oxumarê, sem que nenhuma implicação de incesto nos tenha sido colocada em relação a essa deusa.

Em Cuba, Lydia Cabrera (citada por Verger, 1957, p. 294) ouviu quem contasse que Iemanjá abandonou seu filho Xangô e Obatalá o criou: "Mais tarde, ele quis namorar Iemanjá, não sabia que era a mãe dele." Recolhendo informações no muito ortodoxo templo do Axé Opó Afonjá, em São Gonçalo do Retiro, Bahia, Lépine comenta, a respeito de *Iyá Massé*: "Dizem que ela teve um caso incestuoso com *Sangò*, que 'comeu a mãe'" (1978, p. 186). Como se vê, o tema do incesto parece ter sido definitivamente incorporado ao repertório mítico do candomblé, e Iemanjá, por essa situação de transgressão, vê sua imagem acrescida de todos os poderes e perigos inerentes à força das antigas *Iyá mi*.

Ao aceitar o filho como amante, Iemanjá estabelece o círculo da auto-suficiência. É como se fosse recuperada a inteireza das Mães primordiais, "que têm tudo dentro de seu ser". Os mitos do candomblé tradicional assumem, portanto, diversos aspectos da sexualidade feminina como totalidade.

2. A moralização de Iemanjá e a invenção da Pomba-gira

Foi Bastide quem chamou a atenção sobre a "moralização" acentuada a que vinha sendo submetida a figura de Iemanjá, atribuindo-a ao sincretismo com a Imaculada Conceição. Como vimos, no entanto, o candomblé tradicional mantém bem vivas as características das Mães Ancestrais e parece que tal "moralização", ou seja, o despojamento dos aspectos mais explicitamente sexuais, tem sido, nitidamente, obra da umbanda.

Sabe-se que a umbanda incorpora em seu acervo elementos de diversas tradições religiosas presentes no Brasil, particularmente de origem africana, indígena, católica, espírita e ocultista. Ao longo dos anos, foi-se diversificando e, ainda hoje, apresenta-se em contínuo processo de transformação. Se, no seu início, podia ser vista como tentativa de "valorizar a macumba através do espiritismo" (Bastide, 1971, p. 439), adequando-se aos valores da classe média emergente nos anos trinta, a tal ponto que Ortiz pôde detectar sinais de "morte branca do feiticeiro negro" (1978), agora está sofrendo processo inverso de "candomblezação", que parece refletir o prestígio que o candomblé vem recentemente obtendo junto à sociedade mais ampla.

No Rio de Janeiro, entre outros desdobramentos, a umbanda deu origem a um culto específico, o "iemanjismo", e sua grande festa, na última noite do ano, foi incorporada recentemente ao calendário oficial do Estado do Rio. A representação de Iemanjá que se vem difundindo superou em muito a imagem antiga da sereia ou da grande mãe cujos seios descem até o chão. É uma moça branca, linda, de cabelos compridos, com vestido branco azulado que sai do mar, cheia de luz. Essa imagem impôs-se como única representação de Iemanjá, a ponto de moldar a expressão corporal de suas sacerdotisas, conforme observou Fry:

A mãe-de-santo se colocou em frente ao altar vestida com uma saia longa de lamê prateado e blusa de cetim azul. Ao receber os fluidos de Iemanjá, assumiu a postura corporal da conhecida representação pictórica desse orixá, com os braços levemente erguidos. Logo em seguida, começou a cantar com uma voz redonda e afinada e com trêmulo de cantora de ópera. A melodia era a Ave Maria *de Gounod* (1982, p. 14).

A assimilação de Iemanjá, mãe de todos os orixás, com Nossa Senhora, mãe de Deus, torna-se patente. A curiosa coletânea reunida por Zora Seljan (1973) bem mostra a amplitude que o culto foi ganhando ao longo dos anos na cidade do Rio de Janeiro. De acordo com Labanca (1973), foi a partir do ano de 1952 que a oferenda no mar e nas praias começou a ser feita publicamente. Mais precisamente, a noite do 31 de janeiro de 1957 marcou o primeiro grande culto organizado na praia do Leme, sob a licença de Tancredo da Silva Pinto, umbandista ilustre. Daí para diante, o culto a Iemanjá tem-se tornado cada vez mais visível, espalhando-se das praias do Rio de Janeiro para o resto do Brasil.

Paralelamente, parece que essa expansão se acompanhou de um processo de condensação, na figura de Iemanjá, de todas as características das diversas entidades femininas da umbanda. Uma publicação recente (Cortez, 1987, p. 16) afirma que "é sincretizada com diversas Nossas Senhoras e a legião de espíritos ligada a ela reúne as caboclas Yara, Indayá, Nanã-Buruku, Estrela-do-Mar, Oxum, Iansã e Sereia do Mar". Vale dizer: embora se afirme a permanência das deusas oriundas das religiões africanas e indígenas, seu poder está submisso ao de Iemanjá, que passa a representar excelso modelo de figura feminina.

Ainda que apresente traços sedutores (vestido colante), Iemanjá é antes de tudo a mãe boa, desafricanizada, espiritualizada, "vibração do mar". Perdeu qualquer característica concreta que possa aludir a uma mulher real. E, do ponto de vista que nos interessa aqui, é pura sublimação da sexualidade. Contrastando com essa figura quase imaterial, vem aparecendo, no cenário de umbanda, uma entidade que, em todos os aspectos, é o seu contrário, a Pomba-gira. É bem verdade, que, freqüentemente, o discurso dos umbandistas tende a situar a Pomba-gira como entidade que pertence à quimbanda, ou seja, área da magia negra. No entanto, a observação de campo ensina que umbanda e quimbanda na realidade não se apresentam como cultos tão distintos assim, e aqui será assumido o ponto de vista desenvolvido por Birman (1983a) conforme o qual a quimbanda constitui uma categoria de acusação dentro da própria umbanda.

No caso preciso da Pomba-gira, é óbvio que sua inclusão numa vertente vista de antemão como desprezível, negativa e comprometida com o mais "baixo espiritismo" só vem reforçar a importância de sua imagem em contraposição à Iemanjá da "umbanda branca". Mais chamativo ainda é o fato de que se trata de uma pura criação carioca, consistindo no desvirtuamento, por assim dizer, do nome de uma divindade masculina, equivalente congo do Exu iorubá, transformado de repente na mais sensual e agressiva entidade dos terreiros fluminenses.

Não se dispõe, por enquanto, de dados históricos que permitam situar com exatidão a época de seu aparecimento. Pesquisadores que escreveram nos anos trinta sobre a "macumba carioca", como Arthur Ramos (1934), ou "negros bantos" como Édison Carneiro (1937), não lhe fazem referência. Em seu sempre clássico *Candomblés da Bahia*, cuja primeira edição é de 1948, Carneiro assinala contudo o nome de *Bombojira*, pelo qual é invocado Exu em candomblés de nação Congo.

"Bombojira, vem tomar xôxô" (Carneiro, 1961, p. 83), convidando o *homem da rua* a vir receber seu despacho. Do mesmo modo, Waldemar Valente indica *Bambojira* (sic) como um dos nomes de Exu nos xangôs de Recife (1977, p. 101). Bastide, por sua vez, estabelece quadro comparativo de correspondências entre orixás nagôs, voduns jejes e inquices dos Angolas e dos Congos, alistando entre estes últimos o nome de *Bombongira*, equivalente de Exu/Legba (1971, p. 272). Mas quando descreve o grande desenvolvimento da umbanda nos anos cinqüenta, não registra a presença de Pomba-gira entre as entidades, sejam da "macumba urbana", sejam da "nova religião".

Chegando no Brasil em 1961, contudo, encontrei o culto da Pomba-gira bem estabelecido no Rio de Janeiro, e cabe perguntar por que pesquisadores como Carneiro, no Rio, e Bastide, em São Paulo, deixaram de perceber a importância dessa figura entre os ritos populares. É possível que seu fascínio pelo candomblé jeje-nagô tenha obnubilado sua visão de cultos de origem bantu e, como bem mostrou Negrão (1986) a respeito de Bastide, canalizou suas energias para o fortalecimento do padrão nagô de qualidade. Até onde foi possível verificar, aliás somente trabalhos recentes de jovens antropólogos vêm dando destaque à pesquisa da umbanda e, conseqüentemente, assinalam o papel da Pomba-gira. Mesmo assim, raríssimos são os artigos em que a mesma é focalizada como figura central da investigação (Cotins e Goldman, 1984; Birman, 1983b e 1985). As notas que seguem devem, portanto, ser lidas como tentativa de sistematização que visa sobretudo a levantar questões em torno das significações simbólicas que acompanham a imagem mítica da Pomba-gira.

A transformação de Bombojira, equivalente congo do Exu iorubá, deus fálico, mediador e *trickster*, em divindade feminina, está por merecer estudo específico. Nesse fenômeno, poder-se-ia talvez encontrar algum eco das teorias de F. Max Müller (cf. Augras, 1967, pp. 6-7), que via no mito uma "doença da linguagem" e postulava que palavras ambíguas geram deuses. Não parece haver dúvidas de que o nome de Pomba-gira resulta de um processo de dissimilação que primeiro transforma Bombonjira em Bombagira, depois, em Pomba-gira, recuperando assim palavras que possam fazer sentido em português. Pois a "gira", palavra de origem bantu (*njila/njira*, "rumo, caminho", segundo Castro, 1938, p. 100) remetida ao português *girar*, é, como sabemos, a roda ritual da umbanda. E "pomba", por sua vez, além de ave, designa também órgãos genitais, masculino no Nordeste e feminino no Sul. Até no nome, aparecem a ambigüidade e a referência sexual. Nos terreiros do Rio de Janeiro, porém, a Pomba-gira nada tem de masculino. É um Exu fêmea.

A literatura especializada é bem explícita a esse respeito. "A mulher de Exu, ou a fêmea é Pomba-gira ou Bombo-Gira", escreve Teixeira Neto (s/d, p. 30), que tem, como se vê, referências eruditas. De acordo com esse autor, seriam três as modalidades fundamentais de Pomba-gira. Além da entidade propriamente dita, há mulheres que, "quando desencarnadas, *entregam-se a sete Exus* e assim também passam a se apresentar como pertencentes ao povo de Pomba-gira" (*ibid*, p. 31, grifo do autor). Além deste, há também o caso de mulher "que, em vida, tenha-se excedido, qual verdadeira Messalina, na prática de atos sexuais, ao desencarnar, poderá muito bem passar a se apresentar como Pomba-gira" (*ibid.* p. 33). Vale dizer, o povo de Pomba-gira é formado por espíritos de mulheres que se entregaram à fornicação, seja em vida, seja depois da morte.

Outro autor afirma que "Pomba-gira, Exu mulher, assim denominada em nossa lei, é a entidade conhecida na umbanda e na quimbanda como mulher de 7 Exus (...) obtendo, desta forma, a força e a ajuda necessárias de seus companheiros (maridos)" (Molina, 1, p. 13). É interessante a oposição. Teixeira Neto apresenta uma Pomba-gira que possui poder por si só, ainda que ela esteja subordinada diretamente a Exu Calunga (intermediário, por sua vez, de Exu Marabô, Exu Mangueira, Exu Tranca-Rua, Exu Tiriri, Exu Veludo e Exu dos Rios), e comenta que sendo ela "a única mulher ou o único Exu feminino existente ao lado de 17 outros 'pode-se imaginar' o que Ela pode fazer, ou, se preferirem, o de que Ela é capaz" (s/d, p. 38). Para Molina, ao contrário, esse poder lhe advém dos seus sete maridos. Em outras palavras, o poder feminino é, nessa perspectiva, simples emanação do poder masculino. Em nível da prática concreta, porém, os dois aspectos se confundem. Pomba-gira é poderosa por ter sete maridos *ao mesmo tempo*, o que não é dado a qualquer uma. Diz o ponto:

> *Pomba-gira é*
> *Mulher de sete marido!*
> *Não mexa com Ela,*
> *Pomba-gira é um perigo!* (Teixeira Neto, p. 91).

Fica portanto em aberto a questão de saber se é o fato de ter sete maridos que a torna perigosa ou se o poder de sua sedução é tão forte que lhe garante a posse dos sete.

Em todo o caso, o perigo é claramente relacionado com a sexualidade. "Trata-se de uma entidade *perigosa sob muitos aspectos, por isso que em sua atuação* nas criaturas humanas encarnadas *baseia-se in totum no sexo"* (*ibid*, p. 33, grifo meu). A capa do livro de Teixeira Neto *A magia e os encantos da Pomba-gira* retrata uma dançarina de cabaré, com a mímica bastante obscena, rodeada de borboletas, das quais a maior representa claramente uma vulva, a própria "pomba". Insiste ainda esse autor: "Quando incorporada, a Pomba-Gira dá a seu médium uma aparência onde a vibração do sexo, da luxúria, dos desejos carnais, da lascívia, pois, é por demais acentuada" (*ibid*, p. 39).

É portanto Pomba-gira sinônimo de lascívia, e parece que o maior perigo reside no fato de que "todo médium do sexo feminino tem uma Pomba-gira ao seu lado" (Molina, p. 17). É voz corrente nos terreiros que muitas oferendas são feitas para mulheres que "têm Pomba-gira de frente", o que significa, fatalmente, forte impulso para ter vida sexual desregrada. Por esse motivo, a oferenda visa a apaziguar a terrível entidade, de modo que ela dê descanso às pobres moças, permitindo-lhes vida mais decente.

Vê-se que a Pomba-gira, embora entidade ligada à desordem, pode também ser controlada pelas normas da boa sociedade. Esse duplo movimento, muito bem colocado em evidência por Birman (1938a), parece constituir um dos principais motores da umbanda. As entidades que promovem a subversão são recuperadas para favorecer a ordem vigente. O controle social das entidades enquadradas na categoria de quimbanda parece aliás constituir preocupação constante dos dirigentes umbandistas:

Não permita em seu terreiro a falsa concepção de Pomba-gira como sendo uma mulher prostituída; vamos abolir este absurdo, esclarecendo aos médiuns sua real e verdadeira ação nos trabalhos de magia; retirem as estátuas que apresentam uma mulher de peito nu, pois isto é absurdo, cegueira e atraso espiritual (Jorge de Oliveira, 1971, citado por Ortiz, 1978, p. 146).

Atendendo a esta preocupação, algumas informantes de Trindade podem afirmar que "a Pomba-gira que eu recebo é pacífica, humilde, não é chegada aos homens" (1985, p. 55) ou ainda que Maria Padilha, Pomba-gira das mais destacadas, "em vida, era uma professora, tinha conhecimentos, pessoa elegante. Embora prostituta, sabia e sabe se portar como uma senhora, por isso ela só quer coisas brancas" (*ibid*, p. 50). É curioso esse amálgama de categorias aparentemente contrastantes. Prostituta é "mulher da rua"; opõe-se à figura da mulher que permanece trabalhando no recesso do lar. Retomando a oposição tão bem identificada por DaMatta (1985) entre a casa e a rua, poder-se-ia observar que a professora é a mulher que trabalha "fora", mas desempenha atividade de cunho paramaternal, por assim dizer, já que visa a aprimorar a educação das crianças. Nesse sentido, vê-se que a categoria "professora" não se opõe à categoria "prostituta" de modo tão contrastado como poderia parecer. É-lhe complementar. Sem falar de todas as fantasias veiculadas pela imagem da professora solteira, e portanto disponível, nem da designação clássica da "tia", que ao mesmo tempo situa-se no referencial familiar e sublinha a sua marginalidade em relação à mulher produtora de filhos, a figura da professora parece atuar como intermediária entre a mulher de rua e a mulher do lar. É a quase-mãe (mas não é mãe), pertence ao mundo de fora da casa (mas não é da rua), e sua marginalidade é compensada pelo saber. É este o caso dessa Maria Padilha, que, embora prostituta, comporta-se "como uma senhora" que só quer coisas finas.

A preferência por "coisas brancas", além de evidenciar os valores racistas da sociedade mais ampla, onde "branco" é necessariamente sinônimo de "fino", parece ilustrar mais uma tentativa daquilo que chamei "pasteurização" das divindades representantes do poder sexual feminino.

O depoimento acima ilustra claramente o processo de recuperação das entidades que promovem a desordem, para afinal reafirmar os valores tradicionais da sociedade patriarcal.

A Pomba-gira, no entanto, parece atender a muitos aspectos reprimidos, que clamorosamente pedem passagem e, nos terreiros, seu comportamento permanece escandaloso.

Incorporada, ela declara:

"Eu sou eterna (...) tudo que existe no mundo, da maconha à bagunça, é o meu reino (...). Quando uma mulher se perde, dou gargalhada, quando um homem vira efeminado, eu dou gargalhada, porque meu mundo é bom e bonito. Pra mim tudo está bem porque eu não tenho mais nada a perder" (*ibid*, p. 127). É a própria assunção de tudo o que é considerado marginal pela sociedade brasileira. Além de eterna, seu nome é legião. Diz Teixeira Neto que há *milhares* de Pombas-giras e Molina informa que para cada Pomba-gira "batizada", isto é, com nome identificável, há mais sete sem nome, "conhecidas como obsessores" (1, p. 11). Não há possibilidade de estabelecer listas exaustivas das diversas entidades, mas são bastante conhecidas e cultuadas a Pomba-gira Cigana, Maria Molambo, Maria Padilha, Rosa Caveira, Maria Quitéria, Pomba Rainha, Pomba-gira Menina, Pomba-gira da Porteira, do Cruzeiro, da Calunga, da Praia, da Sepultura, das Almas, das Sete Encruzilhadas, e Pomba-gira Arripiada (sic).

Todas elas têm em comum o uso das cores vermelha e preta (acrescidas de branco quando se trata de Pomba-gira "cruzada" com a linha das almas), a oferenda de rosas vermelhas (sempre bem abertas, nada de botão), bebidas que vão de cachaça a champanhe (conforme o grau de "fineza" da entidade), velas, toalhas, cigarros ou cigarrilhas em despachos preferencialmente "arriados" na sexta-feira, à meia-noite, "hora grande, a de maior força" (Molina, 1, p. 21).

O local do despacho varia com a "qualidade" da Pomba-gira e o tipo de "trabalho" que se lhe pede. Basicamente, as solicitações podem ser agrupadas em duas categorias de pedidos, de ajuda ou de demanda. A Pomba-gira Cigana, por exemplo, encarrega-se de resolver casos na Justiça, Maria

Padilha atende problemas de vida conjugal, Pomba-gira Rainha lida com casos de amor, Rosa Caveira atende pedidos "relativos a doenças materiais e espirituais" (Teixeira Neto, p. 53). Outras, como Maria Molambo, são especialistas em solucionar casos de inveja, mas a impressão que se tem, ao percorrer a literatura especializada, é que praticamente todas atendem tanto às pessoas que querem ser ajudadas quanto às que desejam prejudicar alguém. Como diz um de seus pontos,

Ela trabalha pro bem
mas também trabalha pro mal.

Chama a atenção o fato de que, embora a representação da Pomba-gira enfatize seus aspectos de mulher sexualmente ativa, a maioria dos trabalhos realizados por ela são vinculados a temas de morte, com forte predomínio de despachos realizados em cemitério. São os casos de Rosa Caveira (que trabalha sob as ordens diretas de Omolu, dono do cemitério na umbanda), Pomba-gira das Sete Encruzilhadas, Pomba-gira do Cruzeiro, da Porteira, da Calunga (que é o nome do cemitério entre os adeptos), e Maria Padilha. O culto a esta última tem-se desenvolvido de tal maneira que chega às vezes a ser considerada uma entidade à parte, separada da Pomba-gira. Merece por isso especial destaque.[2]

De início, afirma-se sua característica de representante do poder feminino:

Maria Padilha,
Rainha do Candomblé

---

2. Devo à invulgar erudição do prof. Roberto Motta, da Fundação Joaquim Nabuco, a observação de que Maria Padilha já aparece como entidade cigana no livro de Mériméé, *Carmem*, publicado em 1845: "Ela cantava algumas dessas canções mágicas onde evocam Maria Padilha, amante de D. Pedro, que, dizem, foi a *Bari Crallisa*, ou seja, grande rainha dos ciganos" (Mérimée, P. *Carmem*, Monaco, Ed. du Rocher, 1947, p. 180). A partir dessa indicação, foi fácil verificar que Maria Padilha é, de fato, personagem histórica, amante de Pedro I, rei de Castela (1350-1369). A transformação de uma figura da história espanhola em rainha de quimbanda está por merecer investigação específica.

Firma Curimba,
Que tá chegando muié

Considerada como "uma das mais poderosas orixás da quimbanda", muito traz de Iansã" (Teixeira Neto, p. 97). Interessante é ver ressurgir a referência ao candomblé e aos orixás, ao se tratar da temível "Rainha dos 7 cruzeiros da Calunga". Molina, que lhe dedicou um livro inteiro, *Saravá Maria Padilha*, lembra que Iansã é a rainha dos Eguns e, por conseguinte, deve ser homenageada em cada trabalho feito em cemitério. Psicografando o depoimento da própria Maria Padilha, realça os diversos aspectos de seu poder.

Saravá Maria Padilha, grande Oxirá da quimbanda. Quando cruzada com as Almas, muita luz e força tem para dar na umbanda (...)

Não me interesso muito por presentes, mas sim por guerra (...) Se demora, o inimigo também tem defesa, e vamos ver quem tem mais garrafa para encher (...)

Eu ajudo a ser formosa, não existe um burro meu feio, todas são mulheres bonitas e invejadas (...)

Não gosto de muita conversa, e digo logo a verdade, se ofendo, xingo gostoso, com nome muito gostoso, que até açúcar tem, faço-o com proveito..." (Molina, 2, pp. 20-27).

É mulher bonita, atrevida, guerreira. Põe o mundo de cabeça para baixo. Ofende e transforma o xingamento em doce. Assume a quimbanda para iluminar a umbanda. Sua morada são as encruzilhadas do cemitério. Cheia de vida, é a própria rainha da morte.

De acordo com Molina, Maria Padilha já viveu diversas encarnações neste planeta, "é conhecida e chamada na umbanda e na quimbanda como um Exu-Egum, que vem a ser espírito de morto" (*ibid*, p. 17). Resulta curioso esse típico processo do sincretismo, que cristaliza na mesma representação um orixá nagô e um espírito ancestral, para designar uma entidade feminina. Sabe-se que o culto tradicional dos Egungun é estritamente masculino, desde que Oxalá roubou de Nanã o poder que tinha sobre os mortos.

Nessa ordem de idéias, parece que Maria Padilha de alguma maneira vem a resgatar o antigo poder terrível das *Iyá mi*. Tal como Nanã fazia antigamente, quando castigava os maridos faltosos, mandando os eguns assustá-los (Augras, 1983, p. 137), Maria Padilha hoje avisa:

*Jogo muito eguns
Em cima de vagabundos* (Molina, 2, p. 90).

O poder total, completo, ambivalente das *Iyá mi* parece ressurgir nas proclamações de Maria Padilha:

*Saravá Menino Exu.
Saravá minha estrela.
Saravá meu garfo e minha caveira.
Saravá a menga grande que há de correr do inimigo*
(*ibid*, p. 23).

Os aspectos fálicos são claramente assumidos, a ligação com a morte também, e a menga, o grande fluxo de sangue em que se esvairá o inimigo, além de sua expressão explicitamente guerreira, parece afirmar que no sangue que corre é que reside o verdadeiro poder da mulher.

É como se assistíssemos ao retorno do reprimido. Todas as representações moralizadas, todas as repressões dos aspectos concretamente sexuados do poder feminino voltam nessa figura selvagem da rainha das encruzilhadas.

Diz uma informante de Trindade (1985, p. 52): "Pombagira morava na Freguesia do Ó. Ela se revoltou contra a situação da mãe dela. Matou quatro homens e castrou um deles. Matou os homens que exploravam a mãe dela. Acabou na prostituição."

Nessa pura criação do imaginário popular, a figura da mãe prostituta somente pode ser resgatada pelo sacrifício do poder masculino. Assim como para as "Iabás de espada" matam-se bichos machos castrados, Pomba-gira teve de castrar e matar para libertar a mãe. Mas, no mundo patriarcal, não é permitida a livre expressão do poder feminino e, em conseqüência, ela acabou tornando-se prostituta.

A figura da Pomba-gira, ao mesmo tempo que afirma a realidade da sexualidade feminina, devolve-a ao império da marginalidade.

Seu reino é a encruzilhada, a praia, a soleira da porta que compartilha com Exu, mas seu território privilegiado é na verdade o cemitério. Além da clássica ligação entre Eros e Tanatos, essa preferência parece aludir às características próprias do cemitério como lugar de ausência e presença, situado dentro e fora do tempo, espaço liminar por excelência, onde a rígida ordenação das sepulturas mal consegue disfarçar a intolerável desordem da morte. Sabe-se, desde Douglas (1976), que todas as margens são perigosas e também carregadas de imenso poder. Pomba-gira, rainha da marginália, tem sua morada no corpo das mulheres, nos lugares de passagem de um ponto para outro ou deste mundo para além. Maria Molambo, mais especificamente, assume às claras a ligação com aquilo que a sociedade rejeita para a periferia. Chamada também de Pomba-gira da *Lixeira*, recebe despachos arriados nas bordas dos depósitos de lixo, local onde fica rondando. Um de seus pontos mostra que ela também está ligada aos espíritos dos mortos, o que viria sugerir alguma semelhança (desagradável, ainda que inevitável) entre depósito de lixo e cemitério:

Mas que caminho tão escuro
Que vai passando aquela moça
Com seus farrapos de chita
Estalando osso por osso (Molina, 1, p. 107).

Maria Molambo, tal como suas irmãs Rosa Caveira, Maria Padilha, Rainhas do Cruzeiro e da Calunga, reúne em si a escuridão, a sujeira, a desagregação, a presença da morte. Seus trabalhos são de demanda, isto é, de magia destinada a fazer o mal.

Parece que, nesse ponto, reencontramos os atributos das velhas feiticeiras, que se bastam a si próprias, e por isso são tão perigosas:

> *Pomba-gira da Calunga*
> *Não é mulher de ninguém*
> *Quando entra na demanda*
> *Só sai por sete vintém* (Molina, 1, p. 107).

Mas enquanto as Àjé representam aquela parte obscura e indômita que, por assim dizer, sobrou quando *Iyá mi* se foi personificando em divindades diversas, o povo da Pomba-gira, em sua multiplicidade, religa sexualidade ativa e feitiçaria. Na "umbanda branca", afirma-se a imagem etérea de Iemanjá, mãe pura e luminosa, mas logo atrás perfila-se sua contrapartida, dançando despudoradamente, soltando gargalhada, trabalhando tanto para o bem como para o mal, e, deste modo, desempenhando papel de reativação da própria umbanda, para a qual "muita força e luz tem para dar".

Referências bibliográficas

AMADO, J. Carybé. *Mural dos orixás.* Salvador, 1979.

AUGRAS, M. *A dimensão simbólica.* Rio de Janeiro: Fundação Getúlio Vargas, 1967.

_____. *O duplo e a metamorfose: a identidade mítica em comunidades nagô.* Petrópolis: Vozes, 1983.

BARROS, J.F.P. *Ewé o Òsányin – sistema de classificação de vegetais nas casas-de-santo jêjê-nagô de Salvador – BA.* Universidade de São Paulo, 1983. (Mimeo. Tese de Doutoramento)

BASCOM, W. *Sixteen Cowries, Yoruba divination from Africa to the New World.* Bloomington – Indiana: Univ. Press, 1980.

BASTIDE, R. *As religiões africanas no Brasil.* São Paulo: Companhia Editora Nacional, 1971.

BIRMAN, P. *O que é umbanda*, São Paulo: Brasiliense, 1983 a.

_____. A noite da Rainha, *Comunicações do ISER*, 2(7): 27-33, 1983 b.

_____. Identidade social e homossexualismo no candomblé, *Religião e Sociedade*, 12(1): 2-21, 1985.

CARNEIRO, E. *Negros Bantus.* Rio de Janeiro: Civilização Brasileira, 1937.

CARNEIRO DA CUNHA, M. A feitiçaria entre os Nagô-Yorubá, *Dédalo*, São Paulo, nº 23, 1-15, 1984.

CASTRO, Y.P. de. Das línguas africanas ao português brasileiro, *Afro-Ásia*, nº 14, 81-106, 1983.

CONTINS, M. e GOLDEMAN, M. "O Caso da Pomba-gira": Religião e Violência. *Religião e Sociedade*, j11(1): 103-132, 1984.

CORTEZ, E.M. *Umbanda, uma religião universal.* São Paulo: Editora Três, 1987.

DAMATTA, R. *A casa e a rua.* São Paulo: Brasiliense, 1985.

DOUGLAS, M. *Pureza e perigo.* São Paulo: Perspectiva, 1976.

FRY. P. *Para inglês ver.* Rio de Janeiro: Zahar, 1982.

LABANCA, J. A. *Iemanjá no Rio de Janeiro. In:* SELJAN, Z. *Iemanjá, mãe dos orixás.* São Paulo: Afro-Brasileira, 53-62, 1973.

LÉPINE, C. *Contribuição ao estudo do sistema de classificação dos tipos psicológicos no candomblé Kétu de Salvador.* Universidade de São Paulo, 1978. (Mimeo. Tese de Doutoramento)

MOLINA, N.A. (1). *Saravá Pomba-gira*, Rio, Ed. Espiritualista, s.d.

_____(2).*Saravá Maria Padilha*. Rio de Janeiro: Espiritualista, s.d.

MOTTA, R. Bandeira de Alairá: a festa de Xangô — São João e problemas de sincretismo. In: MOURA, C.E.M. (org.) *Bandeira de Alairá: outros escritos sobre a religião dos orixás*. São Paulo: Nobel, 1-12, 1982.

NEGRÃO, L.N. "Roger Bastide: do candomblé à umbanda" *In: Revisitando a terra de contrastes: a atualidade da obra de Roger Bastide*. São Paulo: FFLCH/CERU. 47-63, 1986.

NINA RODRIGUES, R. *Os africanos no Brasil*. São Paulo: Companhia Editora Nacional, 1977.

ORTIZ, R. *A morte branca do feiticeiro negro*. Petrópolis: Vozes, 1978.

PEMBERTON 3rd., J. Descriptive catalog. *In:* FAGG, W. et al., *Yoruba Sculpture of West Africa*. Nova Iorque: Alfred A. Knopf, 1982.

RAMOS. A. *O negro brasileiro*. Rio de Janeiro: Civilização Brasileira, 1934.

REGO. W. Mitos e ritos africanos da Bahia. *In:* Carybé, *Iconografia dos deuses africanos*. São Paulo: Raízes, 269-277, 1980.

SANTOS, D.M. dos *Por que Oxalá usa ekodidé*. Salvador: Fundação Cultural do Estado da Bahia, 1966.

SANTOS, J.E. dos *Os Nàgò e a morte*. Petrópolis: Vozes, 1976.

TEIXEIRA NETO, A.A. *A magia e os encantos da Pomba-gira*, Rio de Janeiro: Eco, s.d.

TRINDADE, L. *Exu, poder e perigo*. São Paulo: Ícone, 1985.

VALENTE, W. *Sincretismo religioso afro-brasileiro*. São Paulo: Companhia Nacional, 1977.

VERGER, P. *Notes sur le culte des orisa et vodun à Bahia... et... en Afrique,* Dakar. IFAN, n° 51, 1957.

_____. *Orixás – Deuses iorubás na África e no Novo Mundo.* Salvador: Corrupio, 1981.

_____. Etnografia religiosa iorubá e probidade científica. *Religião e Sociedade,* n° 8, pp. 3-10, 1982.

INVENTANDO A NATUREZA:
Família, Sexo e Gênero no Xangô do Recife[1]

*Rita Laura SEGATO**

Introdução

Cada sociedade humana ou época tem, manifestamente, um número de preocupações ou temas em torno dos quais são construídas partes significativas de seus sistemas simbólicos. O trabalho do antropólogo, como intérprete, consiste em detectá-los, expor analiticamente a maneira como eles são tratados na cultura em questão e iluminar a forma como orientam a interação social. Como tentarei demonstrar, nos cultos xangô da tradição nagô, um dos motivos recorrentes nas re-

---

[1]. Este artigo divulga alguns aspectos da vida dos membros de casas de culto nagô do Recife abordados na minha tese de doutoramento (Segato, 1984). A tese teve por tema central o uso dos orixás nagô como rótulos de personalidade com relação a uma concepção do eu que é peculiar a estes cultos. O trabalho de campo foi desenvolvido em três períodos: o primeiro foi de janeiro a junho de 1976; o segundo, de julho a setembro de 1977; e o terceiro, de dezembro de 1979 a agosto de 1980. Contei para a sua realização com verbas da Organização dos Estados Americanos e dos auxílios de pesquisa de Wenner-Gren Foundation for Anthropological Research, assim como respaldo institucional através de convênios entre o Instituto Interamericano de Etnomusicologia y Folklore (INIDEF) de Caracas, o Instituto Joaquim Nabuco de Pesquisas Sociais de Recife e o então Centro Nacional de Referência Cultural (hoje Fundação Pró-Memória) de Brasília. Agradeço a Alcida Rita Ramos e a José Jorge de Carvalho, que leram o texto original, seus comentários e sugestões.
Publicado originalmente em *Anuário Antropológico 85*, Rio de Janeiro. Tempo Brasileiro, 1986, pp. 11-54.

* Antropóloga, professora do Departamento de Antropologia da Universidade de Brasília, autora do livro *Santos e daimones – o politeísmo afro-brasileiro e a tradição arquetipal* (Brasília, Ed. da Universidade de Brasília, 1995).

presentações e na organização social dos seus membros é o esforço sistemático de liberar as categorias de parentesco, de personalidade, de gênero e sexualidade das determinações biológicas e biogenéticas a que se encontram ligados na ideologia dominante da sociedade brasileira, assim como remover a instituição do matrimônio da posição pivô que ela ocupa na estrutura social, de acordo com essa ideologia. Estas características da visão do mundo do xangô, parece-me, podem ser relacionadas à experiência histórica da sociedade escravocrata no Brasil, já que dela emergiu o grupo humano que originou o culto.

Fui levada a prestar atenção a esta temática pela ênfase espontânea dada, pelos membros com quem me relacionei, a certos aspectos da sua vida social e da mitologia do xangô, e pelos assuntos que despontam com maior freqüência nas suas conversas. Como tentarei demonstrar, tanto o princípio de indeterminação biogenética como a concepção do matrimônio e da família próprios do xangô podem ser identificados: 1) na prática de atribuir "santos-homem" e "santos-mulher", indistintamente, a homens e mulheres como tipos de personalidade; 2) no tratamento dado pelos mitos aos papéis femininos e masculinos dos orixás que formam o panteão e às relações que estes mantêm entre si; 3) na visão crítica dos membros com relação aos direitos derivados da maternidade de sangue ou biogenética; 4) na importância dada à família fictícia que é a "família-de-santo" e à adoção de "filhos de criação", em detrimento do parentesco baseado em laços de sangue; 5) na definição dos papéis masculinos e femininos dentro da família de santo; e 6) na bissexualidade da maioria dos membros masculinos e femininos do culto, assim como nas noções relativas à sexualidade que se revelam no discurso e na prática. Nas seções que seguem, passarei a referir-me a cada uma destas questões apontando para o que elas têm de comum, e as vincularei às vicissitudes da família negra durante o regime de escravidão e depois dele, na tentativa de chegar à explicação histórica e contextual que permita fazer sentido desta visão de mundo. Além disso, é importante ressaltar que os aspectos mencionados descrevem noções e comportamentos dos membros iniciados ou iniciantes e não daquelas pessoas que se aproximam do culto como clientes esporádicos em busca de soluções para problemas específicos ou para solicitar uma leitura do oráculo de búzios.

Antes de continuar, quero advertir que parte dos meus dados poderá surpreender os estudiosos do assunto, como, por exemplo, as minhas referências à aversão que muitos dos meus informantes manifestaram, pelo caráter de Iemanjá e a minha ênfase na homossexualidade, particularmente a feminina, como um aspecto estrutural e não acidental ou supérfluo para compreender a visão do mundo do culto. Com respeito a Iemanjá, ela é sempre descrita na literatura como o venerado orixá mãe, para quem esplêndidas oferendas florais são devotadamente depositadas em todas as praias do Brasil. De acordo com meus informantes, esta é apenas a faceta estereotipada do orixá, cujas qualidades negativas ficam ocultas para o grande público. Sobre a homossexualidade feminina, as mulheres dos cultos afro-brasileiros têm sido descritas repetidamente como poderosas e independentes (Landes, 1953, 1967; Bastide, 1978; Silverstein, 1979, entre outros), mas pouco foi falado sobre sua sexualidade. De fato, a alta incidência de homossexuais masculinos entre os membros do culto já é bem conhecida, havendo sido apontada e analisada em muitos trabalhos antropológicos sobre ela em várias cidades do Brasil (Landes, 1940, 1967; Bastide, 1945, pp. 93-94; Ribeiro, 1969; Leacock e Leacock, 1975; Fry, 1977, entre outros), enquanto a presença de comportamento homossexual entre as mulheres tem sido menos divulgada e mereceu não mais que umas três linhas no total da vasta literatura sobre religiões afro-brasileiras (Ribeiro, 1970, p. 129; Fry, 1977, p. 121). Contudo, durante o meu terceiro período de campo no Recife, depois de ter morado alguns meses dentro de uma casa de culto, e como resultado da minha crescente intimidade com o povo do santo, vim a saber sobre a prática tradicional e muito generalizada de amor sáfico entre a grande maioria das filhas-de-santo das casas em que trabalhei. Estas mulheres são, geralmente, bissexuais e são raros os casos de homossexualidade exclusiva. A homossexualidade feminina constitui uma tradição, um costume transmitido de geração a geração e, de acordo com as minhas observações, as mães não a escondem dos seus filhos, e até seus parceiros masculinos são cientes dela. A sua negação, por parte de alguns pais ou mães-de-santo interessados em adquirir boa reputação frente aos leigos que se aproximam do culto, deve-se a que eles sabem da contradição existente entre este aspecto da tradição do xangô e o sistema de valores dominantes na sociedade brasileira.

É possível que as peculiaridades do culto que menciono, tais como a aversão a Iemanjá e a aceitação da homossexualidade, estejam presentes no Recife. De fato, como se sabe, existem diferenças que caracterizam o culto dos orixás em cada uma das cidades onde ele existe. Por exemplo, alguns orixás que são muito importantes e que, freqüentemente, descem em possessão em outras partes do país, como Odé (Oxóssi), Obaluaiê, Nanã, Oxumaré e Exu, têm poucos ou nenhum adepto dedicado exclusivamente ao seu culto na tradição nagô do Recife. Também diferem os repertórios musicais e os tambores usados. Mas práticas essenciais, como a de atribuir um orixá a cada membro como patrão da sua identidade pessoal e classificador da personalidade (o "dono do ori" ou "dono da cabeça", ver Bastide, 1973, p. 42, 1978, pp. 257 e 280; Ribeiro, 1978, pp. 126-129; Motta, 1977, p. 17; Binon-Cossard, 1981; Lépine, 1981; Augras, 1983; Verger, 1981; Segato, 1984), assim como o estilo de vida dos membros do culto, parecem não exibir variações dramáticas em lugares distantes. As diferenças apontadas pelos membros que costumam viajar fazem referência, sobretudo, ao código de etiqueta, aos comportamentos obrigatórios durante rituais e, como já disse, aos oxirás que descem em possessão e são normalmente usados como modelos de identificação. Contudo, os valores, noções e estilo de vida que os viageiros do Recife dizem achar em casas de culto que visitam em outras cidades parecem-lhes perfeitamente compatíveis com os seus próprios e permitem-lhes alcançar uma rápida familiaridade.

A Etnografia do Culto Xangô da Tradição Nagô

1. Os orixás como descritores femininos e masculinos da personalidade

Um dos aspectos fundamentais do culto é a relação de equivalência que se estabelece entre seus membros e os orixás ("santos") do panteão sobre a base das similaridades de comportamento entre uns e outros. Desta maneira, os orixás servem como uma tipologia para classificar pessoas de acordo com a sua personalidade.

No Recife, são seis os orixás, entre os quais, normalmente, se faz a escolha do santo a ser adscrito pelo processo de iniciação que vincula, ritualmente e de maneira definitiva, cada novo membro ao seu "dono da cabeça". Na maioria dos casos, dentre estes seis, um segundo orixá ou "ajuntó" é também apontado para completar o quadro das afinidades espirituais do novo filho-de-santo. Destes seis, três são masculinos e três, femininos e entendidos como sendo psicologicamente femininos ou masculinos, independentemente do seu sexo.

Geralmente, quando uma pessoa se aproxima pela primeira vez de uma casa de culto, os membros da casa observam-lhe o comportamento e tentam dar-lhe o santo "de cabeça", isto é, intuir seu santo sem recorrer ao oráculo ou jogo de búzios. Tanto o pai como a mãe-de-santo da casa como outros membros se empenham nesta busca de similaridades entre o recém-chegado e um dos orixás do panteão. Nos casos em que é difícil definir o santo de entrada, muitas vezes o que se faz é tentar entender se a pessoa tem um "santo-homem" ou um "santo-mulher". Para isto, alguns aspectos são especialmente observados, tais como a expressão facial e a maneira como a pessoa parece tomar suas decisões.

Deste modo, é possível dizer que os orixás, na sua primeira subdivisão em masculinos e femininos, constituem estereótipos de gênero. A oposição entre ambos os estereótipos se baseia nuns poucos traços que cada grupo compartilha com exclusividade. Os "santos-homens" – e, portanto, os filhos e filhas-de-santos-homens – são descritos como "autônomos" na maneira de agir, e os "santos-mulher" como "dependentes". A "autonomia" é apontada como uma característica dos santos masculinos, mesmo no caso de Oxalufã, o velho Orixalá, que é extremamente paciente e calmo; o seu oposto, "dependência", caracteriza os santos femininos, mesmo no caso de Iansã, que tem um temperamento "quente", é voluntariosa, lutadora e agressiva. Embora a "autonomia", entendida como a capacidade de tomar decisões e resolver problemas sem necessitar de orientação ou estímulo externo, seja vista como um traço vantajoso, diz-se que ela faz as personalidades masculinas muito inflexíveis e refratárias às críticas. Por outro lado, os filhos e filhas-de-santos femininos têm a fraqueza de depender da aprovação ou da direção dos outros e, em muitos casos, essa aprovação constitui o objetivo mesmo das suas ações, mas se diz que isto não só lhes permite procurar ajuda e conselho, como também cooperar e engajar-se em empresas por outros lideradas. Devido às vantagens e desvantagens de cada um dos grupos, o povo considera que é sempre melhor ter uma combinação de um santo masculino e um santo feminino como "dono da cabeça" e "ajuntó", respectivamente, ou vice-versa.² De qualquer maneira, considera-se que todo membro sempre tem uma personalidade predominantemente masculina ou feminina, a primeira apresentando uma fisionomia "áspera" e a segunda traços faciais mais delicados.

Dentro de cada categoria, fala-se também em graus relativos de feminilidade e masculinidade. Entre os orixás mulher, Oxum, a filha mais nova, é considerada como epítome do feminino: sensual, ingênua, dócil e infantil, desejosa de curar, ajudar e cuidar dos fracos. Iemanjá é vista como um pouco menos feminina porque é a mãe dos orixás e é, por isso mesmo, mais velha e mais inibida. Apesar de seus gestos meigos, ela mostra menos interesse em dar-se ou prestar atenção nos outros. Ela é, em geral, mais distante, e sua meiguice é interpretada, simplesmente, como "boas maneiras" ou "polidez" no trato. No outro extremo, Iansã é descrita como uma mulher masculina, com uma personalidade quase andrógina. Não poupa esforços para alcançar os seus objetivos e, no papel de esposa de Xangô, é a sua companheira e a colaboradora na guerra, mas não aceita coabitar com ele. Mesmo assim, embora Iansã difira dos outros orixás femininos por seu temperamento agressivo e sua vontade de vencer, ela ainda compartilha com eles a disposição de acompanhar Xangô e cooperar com ele na

---

2. Uma mulher do culto que tinha dois santos femininos — Oxum e Iansã — como "dono da cabeça" e "ajuntó" queixou-se de não ter um "santo-homem", dizendo:

Eu me sentiria muito mais segura se eu tivesse Xangô (seu terceiro santo) em segundo lugar e não Iansã, assim eu teria um homem a quem recorrer: um (santo) homem é sempre um braço forte para sustentar-se. Iansã é uma santa muito forte, muito decidida, mas ela não necessitou de um homem (Xangô) para ir à guerra?. ... Com duas santas mulheres eu sempre sinto um vazio dentro de mim mesma que eu não consigo explicar. Então, quando eu quero resolver um problema difícil, fixo meus pensamentos no meu terceiro santo, Xangô, e parece que eu estou com ele, que atuo como ele. Xangô é masculino, e quem é masculino é sempre mais autônomo, mais capaz de tomar uma decisão rápida e se virar sozinho em qualquer situação.

empresa de conquistar a terra dos malês (um mito famoso de Xangô), bem como no sentido de identidade que se define como feminino.

Por outro lado, entre os santos-homens, Ogum é visto como epítome de masculinidade, o dono do trabalho e da guerra, um homem solitário da floresta que não se relaciona humanamente com ninguém; ele é tenso, sisudo, sério e objetivo. Xangô é considerado como algo menos masculino que Ogum, já que é mais emocional e afetivo. Também ele teve que depender umas poucas vezes da proteção do seu pai Orixalá e de sua mãe Iemanjá. Finalmente, Orixalá, o pai de todos, apesar de ser descrito como muito masculino no seu grau de autonomia e na inflexibilidade das suas opiniões, exibe alguns traços comuns a Iemanjá e a Oxum, tais como sua suavidade e meiguice; é mais paciente e tolerante que Ogum ou Xangô. Em síntese, embora Orixalá tenha grandes diferenças temperamentais com relação a Ogum e a Xangô, é semelhante a estes em sua percepção do eu como um agente eminentemente autônomo. Portanto, a qualidade essencial para definir o gênero da personalidade ainda não é o temperamento, mas o sentido do eu como agente autônomo ou dependente. Só esta última qualidade é entendida como um componente relevante da identidade de gênero do sujeito, indicada pelo santo a ele atribuído.

De fato, as qualidades classificadas dentro desta visão de mundo como femininas e masculinas não diferem muito dos estereótipos ocidentais de comportamento masculino e feminino tal como eles são apresentados na literatura psicológica (ver, por exemplo, Williams e Bennett, 1975; e uma resenha em Archer e Lloyd, 1982). A abordagem do xangô aproxima-se, também, da psicologia ocidental no seu reconhecimento da existência de componentes masculinos e femininos na psique de homens e mulheres (Freud, 1962: ver Mitchell, 1982, para uma análise atualizada da teoria freudiana sobre a constituição bissexual da psique humana).

A própria preferência do povo do xangô por uma combinação de um santo masculino e um feminino "na cabeça" de cada filho ou filha-de-santo parece também coincidir com achados recentes da psicologia ocidental com respeito às vantagens que os indivíduos com personalidade "andrógena" apresentam sobre aqueles que exibem atributos exclusivamente masculinos ou femininos (Lipsitz Bem, 1974 e 1975; Williams, 1979).

Apesar destas semelhanças, no entanto, o culto tem a peculiaridade de colocar à disposição dos seus membros um sistema de classificação de personalidades em predominantemente femininas e predominantemente masculinas, isolando claramente este aspecto psicológico de outros componentes da identidade de gênero da pessoa. De fato, o santo da pessoa é independente, não só do seu sexo anatômico, mas também da forma preferencial em que ela expressa a sua sexualidade, isto é, da sua preferência por parceiros homossexuais ou heterossexuais (isto é bem enfatizado em Binon-Cossard, 1981, p. 132). Eu mesma ouvi vários pais e mães-de-santo comentar sobre o desejo de algumas mulheres e homossexuais masculinos de serem iniciados como filhos de Oxum e criticarem tal preferência por evidenciar uma ignorância dos "fundamentos" de culto; segundo eles, Oxum viria a descrever a personalidade e não a sexualidade do filho. Por outro lado, há homens de definida orientação heterossexual que são filhos de Oxum, assim como não é incomum que um homossexual tenha Ogum como dono da cabeça.

Finalmente, é conveniente advertir que não existe uma preferência generalizada por santos femininos ou masculinos. Cada um deles apresenta vantagens e desvantagens, virtudes e defeitos, e cada um deles exibe um tipo de talento específico que lhe permite exercer um estilo próprio de liderança. Nesse sentido, o culto difere do que Jean Miller (1979) descreve como a desvalorização sofrida pelos atributos do caráter feminino na cultura ocidental.

2. Papéis masculinos e femininos, e relações entre os membros da família mítica dos orixás

A família mítica dos orixás combina elementos típicos da família patriarcal característica da classe dominante brasileira com noções claramente não-patriarcais. Orixalá, o pai, tem, por sua idade e posição, uma autoridade potencial sobre as outras deidades, mas devido ao seu temperamento passivo, quase feminino, só raramente ele exerce tal autoridade. De fato, freqüentemente sofre abusos de sua nora, Iansã[3] e de sua própria mulher, Iemanjá, que o "enganou" com um orixá de idade superior, Orumilá, e teve uma filha, Oxum, como conseqüência desta união.[4] Mas Orixalá, longe de rejeitá-la, adotou Oxum e criou-a com os maiores cuidados. Esta filha de criação se tornou, então, a favorita e a protegida do pai dos orixás, retribuindo-lhe com muito afeição, cozinhando e lavando para ele, e atendendo solicitamente a todas as suas necessidades. É por isto que eles são tão apegados um ao outro.[5]

Iemanjá, a mãe, é reconhecida como estando na segunda posição de autoridade, mas é concebida como apática, falsa e pouco disposta a atender às necessidades dos outros. Portanto, a autoridade que ela possui como mãe dos orixás é

---

3. Dois episódios relatam abusos que Iansã infligiu a Orixalá. Num deles, Iansã tomou uma moringa pertencente a Orixalá (um elemento do assentamento ritual deste orixá) e jogou-a ao mar (nada de Orixalá pode entrar em contato com sal ou tocar as águas do mar). Noutra ocasião, encontrou Orixalá queixando-se de uma ferida na perna e, dizendo que iria curá-lo, colocou-lhe sal e pimenta e cobriu-lhe a ferida com uma venda. Em ambos os casos, abandonou Orixalá chorando de dor e foi Oxum que veio socorrê-lo.

4. Diz-se que Iemanjá foi uma esposa falsa e fria para Orixalá, que não cuidava dele nem tomava conta da casa e dos filhos. Comenta-se também que ela "enganou o velho com Orumilá" (um orixá de "patente" superior à de Orixalá) e teve com ele Oxum, que não é filha "legítima" de Orixalá, mas de criação.

5. Fala-se ainda de um outro caso de adoção paterna: Idoú, um filho de Oxum, teria sido criado nas florestas por Obaluaiê. Um dia, Oxum viu que Idoú tinha-se convertido em um jovem forte e bonito e quis tê-lo de volta, mas este se negou a voltar com a sua mãe legítima e preferiu ficar com Obaluaiê.

vista pelos membros como um privilégio que ela tem sem merecer. Oxum, pelo contrário, representa a mãe de criação que toma conta dos filhos dos outros orixás. Diz-se que ela é "provedora", atende às necessidades dos outros e que, portanto, merece o reconhecimento dado a uma mãe. Enquanto nada senão obediência e respeito são oferecidos a Iemanjá, carinho e gratidão são os sentimentos que Oxum desperta. De fato, os adeptos do culto questionam em infindáveis conversas a maternidade "de sangue" como fonte de legitimidade para a autoridade de Iemanjá. Esta legitimidade e os direitos que dela derivam são ativamente criticados, porque, como se argumenta, fundem-se na sua função meramente biogenética de procriadora. Só aqueles membros iniciados como filhos ou filhas de Iemanjá divergem deste ponto de vista e, na tradição nagô do Recife, eles são vistos, geralmente, com certa antipatia. De acordo com os depoimentos, eles são parecidos com Iemanjá por apelarem freqüentemente a privilégios e prerrogativas, assim como por seu apego às normas e às formalidades.[6] Este tipo de comportamento é associado à maternidade "legítima" de Iemanjá em oposição à maternidade "verdadeira" de Oxum.

---

6. Transcrevo aqui algumas das descrições que recolhi sobre Iemanjá e seus filhos:

> C.: *Eu não gosto de falar disto e, na verdade, poucas vezes revelei o que penso sobre Iemanjá, mas eu já escutei mais de mil pessoas dizendo as mesmas coisas: fui a São Paulo, fui ao Rio, e em todo lugar constato que as pessoas têm a mesma opinião. Eu fico totalmente inibido na frente de um filho de Iemanjá e não sou capaz de agir espontaneamente, não sinto nenhuma vibração. É que eles são tão polidos! Você sabe o que a palavra "mãe" quer dizer: ela dá aquela proteção, aquela cobertura e o filho se sente inflado, dono da verdade. Por um lado, eles parecem muito calmos, muito meigos, têm aquela humildade; mas no fundo eles são muito arrogantes e você nunca sabe o que eles estão pensando. Eles jamais revelam o que estão pensando de você. Eles têm é boas maneiras, mas não são sinceros. Isto é exatamente o que significa ser mãe, a mentalidade de mãe: se sentem superiores a todo mundo.*
>
> J.: *Quando eu estou na frente de um filho de Iemanjá nunca me sinto cômoda. Parece que eles estão sempre julgando a gente. Parece que eles falam com vocês só por boas maneiras, por obrigação. Eles nunca são*

Ogum, o filho mais velho, é descrito como aquele que tem o direito à primogenitura e, portanto, à coroa. Ele tem as maneiras, o porte e as responsabilidades de um rei.[7] Contudo, Xangô, graças ao seu gênio, fez um truque e tomou a coroa de Ogum,[8] apesar de não possuir nenhuma das três qualidades do irmão. Mais uma vez, o princípio do nascimento e do sangue é posto em dúvida. Iansã, segundo o mito, foi homem num passado distante e tornou-se mulher em tempos mais recentes.

---

capazes de ajudar a uma outra pessoa incondicionalmente. Não são abertos. Quando eles dão uma pancada, é como a pancada do mar: a gente nunca sabe de onde nem quando ela vem. Mas os filhos de Iemanjá nunca anarquizam, nunca brigam ou se divertem livremente. Não gostam da anarquia. Todos os orixás têm que render homenagem a Iemanjá, ainda que não gostem dela, porque ela é mãe. Ela tem influência e autoridade porque ela é mãe.

L.: Um filho de Iemanjá jamais fala realmente bem de ninguém. Eles parecem que estão se compadecendo pelos seus problemas, mas podem estar rindo por trás. Você não pode ler a mente de um filho de Iemanjá: são falsos. Muitos deles não podem ter sentimentos verdadeiros. Eles são quadrados, conformistas, mesquinhos, escrupulosos, mas não duvidariam em trair você para conseguir alguma coisa.

Lu (filha de Iemanjá): *Iemanjá é melancólica mas é também feroz... Ela é uma sereia, um ser misto, com suas qualidades: mulher e peixe. Ela tem sobrevivido no fundo do mar por tanto tempo porque, apesar de ser mulher, ela tem autoridade. Neste sentido, ela tem beleza por um lado, e ela domina pelo outro. Ela é a rainha do mar, domina sobre os peixes. Ela tem uma personalidade forte, autoritária, mas ela conserva suas boas maneiras, sua meiguice. O povo diz que os filhos de Iemanjá são falsos, mas isso é porque eles têm uma aparência calma embora no fundo sejam grossos: mal-humorados. Nesse sentido eles podem enganar.*

7. Sobre Ogum, um membro me disse:

Iemanjá já ia dar a coroa para Ogum, mas Xangô fez um truque e a coroa ficou com Xangô. Ogum é muito conservador; Xangô é extrovertido, charmoso, e se tornou rei. Mas Ogum ainda tem aquele ar de rei e Xangô não tem. Ogum jamais perdeu a postura, a seriedade, o ar grave de um rei, porque ele tem nobreza. Xangô é exatamente o contrário: ele é rei mas não tem nada de rei. Você vê que os filhos de Ogum são sisudos, sérios.

8. O mito conta que Xangô, ávido por tomar a coroa de Ogum, deu a este um sonífero no café e correu ao lugar onde a cerimônia ia ter lugar. Ali, Iemanjá mandou apagar a luz para começar e ele, aproveitando a escuridão, cobriu-se

Mas, como mulher, rejeita a maternidade e é descrita por alguns como estéril e por outros como tendo dado à luz filhos que entregou a Oxum para criar (dar os filhos para criar é mencionado como uma prática costumeira entre os orixás). Além disso, Iansã comanda os espíritos dos mortos ou eguns, o que é visto como a mais masculina de todas as tarefas possíveis (só homens podem oficiar e ajudar nos rituais dedicados aos espíritos dos mortos); é descrita como um orixá guerreiro que carrega uma espada e exibe um temperamento agressivo. No extremo oposto, como já disse, Orixalá é visto como um pai com temperamento feminino.

Finalmente, é interessante analisar o comportamento dos dois casais constituídos: o de progenitores, formado por Orixalá e Iemanjá, e o casal formado por Xangô e Iansã. Como mostrei, em ambos uma incompatibilidade essencial separa os esposos. De acordo com os mitos, o casal progenitor é incompatível por suas diferenças quanto ao uso do sal. Enquanto Iemanjá é no Brasil a dona do mar e das águas salgadas, Orixalá abomina o sal, o mar e a comida salgada. Todas as comidas para as oferendas de Orixalá são preparadas sem sal e se diz que um filho ou filha deste santo pode chegar a morrer se freqüentar a praia ou se algum elemento ritual de seu santo tocar a água do mar. Igualmente, Iansã e Xangô, apesar de serem descritos como os únicos casados formalmente, discordam ferozmente em relação ao carneiro e são também incompatíveis em relação ao mundo dos mortos. Por um lado, Iansã concordou em casar-se com Xangô legalmente, mas jamais aceitou coabitar com ele porque Xangô come carneiro e Iansã

---

com uma pele de ovelha e sentou-se no trono. A pele de ovelha serviu para parecer-se a Ogum na hora em que a mãe o tocasse, já que Ogum, por ser o primogênito, é tido como um homem pré-histórico coberto de pêlos. Depois que Iemanjá colocou a coroa sobre sua cabeça e as luzes voltaram, todo mundo viu que era Xangô, mas já era tarde para voltar atrás. Os membros mostram a estampa de São João menino coberto com a pele de ovelha com a representação sincrética de Xangô. É interessante que Iemanjá, e não Orixalá, é quem entrega a coroa, que legitima a investidura de rei.

abomina a mera menção ou o cheiro desse animal. Por outro lado, Xangô é o único orixá que não pode entrar no "quarto de balé" (quarto dos eguns ou espíritos dos mortos) e tem aversão à morte e aos eguns, espíritos sobre os quais, justamente, reina Iansã. Todos os outros casais, tanto heterossexuais como homossexuais, de que os mitos falam são instáveis. Xangô seduz Oxum, raptando-a do palácio de seu pai, segundo uns, ou tomando-a de Ogum, segundo outros; mas eles mantiveram uma relação esporádica como amantes. Iansã foi mulher de Ogum, mas "foi embora com Xangô". Oxum seduziu Iansã, mas logo abandonou-a e, finalmente, algumas versões falam de uma relação entre Ogum e Odé que, apesar disso, continuaram suas vidas solitárias na floresta.

Todas essas relações entre os orixás expressam uma negação consciente dos princípios sobre os quais a ideologia dominante na sociedade brasileira baseia a constituição da família. O matrimônio e o parentesco de sangue são removidos da posição central que têm de acordo com esta ideologia. Na seção anterior, ficou claro que o determinante natural do sexo biológico é subvertido na definição do gênero da personalidade pela atribuição de um orixá à "cabeça" da pessoa. Nesta seção, a determinação biológica dos papéis familiares que a ideologia patriarcal pressupõe é sistematicamente subvertida pelo aspecto andrógino de Iansã e pela passividade do pai, e se evidencia, também, na presença de um caso de adoção paterna por parte de Orixalá e na importância que assume a relação entre este e a sua filha de criação, Oxum. Da mesma forma, os direitos "de sangue" de Iemanjá e Ogum, a primeira à posição de mãe e o segundo à posição de herdeiro, são relativizados. Por outro lado, na incompatibilidade simbólica dos casais míticos, expressam-se os conceitos relativos ao matrimônio que caracterizam a visão de mundo do culto. Nas próximas seções, tentarei mostrar como estes mesmos temas reaparecem na organização social dos membros. Quero deixar claro que não pretendo haver esgotado o conteúdo dos xangô; extraí apenas aqueles fragmentos que são ordinariamente invocados no curso da interação social, à guisa de comentário por parte dos membros.

3. Matrimônio, família e família-de-santo entre os membros do culto

Apesar de a família patriarcal ter sido sempre característica das classes altas brasileiras, entre as classes baixas e, particularmente, entre a população negra e mulata, se encontram formas de organização familiar similares àquelas tidas como típicas do parentesco afro-americano. O povo do culto reflete esta tendência e muitos membros pertencem a famílias do tipo descrito na literatura como "matrifocal" (Smith, 1956), "família materna negra" (King, 1945), ou "unidade doméstica consangüínea" (em oposição a "unidade doméstica familiar", Clarke, 1957). De qualquer maneira, a organização das unidades domésticas apresenta uma variedade enorme de formas. A maior parte das casas é habitada por uma combinação de pessoas relacionadas por parentesco consangüíneo, chamado de parentesco "legítimo" pelos membros do culto, e pessoas não-relacionadas por parentesco de sangue.

Um padrão comum é, por exemplo, uma unidade doméstica tendo à cabeça uma mãe-de-santo, que poderá morar com filhos de criação pertencentes a mais de uma geração, e/ou alguns filhos "legítimos". Alguns dos filhos de criação serão, geralmente, também "filhos-de-santo" seus, assim como outros filhos-de-santo poderão também estar morando na casa. Ela poderá ou não ter um parceiro sexual masculino, morando com ela ou visitando-a, e manter, simultaneamente, uma parceira feminina. Como alternativa, ela poderá viver só em parceria com outra mulher, que poderá atuar como "mãe pequena" ou segunda pessoa a cargo da casa; este último é um padrão muito comum. Poderá também haver outros moradores: amigos, parentes de sangue ou parentes "de santo", que a ajudarão nas tarefas necessárias.

Outras unidades são lideradas por pais-de-santo, embora menos freqüentemente, porque o culto conta com mais mulheres do que homens. Neste caso, o chefe da casa poderá ter filhos "legítimos" e/ou filhos de criação, muitas vezes de mais de uma geração, mais uma mulher ou um parceiro e, por alguns períodos, os dois simultaneamente. Alguns dos seus filhos de criação poderão ser seus filhos-de-santo. Alguns amigos e parentes de sangue e/ou de santo poderão também morar na casa e cooperar com ele, mas é importante advertir que, em todos os casos, a composição das unidades domésticas é muito instável, já que é grande a mobilidade dos membros. Também quero acentuar que todas as variantes mencionadas foram observadas em casos concretos.

As casas de mães-de-santo e a maioria daquelas onde moram filhas-de-santo são lideradas por mulheres, mesmo nos casos em que tenham marido. Geralmente, os maridos das mulheres do culto, quando moram com elas, não exercem autoridade alguma no lar, nem tomam decisões. Predominam as uniões consensuais, geralmente de curta duração, entre os membros do culto (chamadas relações de amasiado na Bahia e discutidas em Frazier, 1942; Herskovits, 1943 e 1966; Ribeiro, 1945). Os pais-de-santo de orientação predominantemente heterossexual e que têm esposa visitam geralmente alguma outra casa ou "filial" onde têm outra mulher. Como já disse, parentes fictícios, filhos de criação ou membros da família-de-santo da pessoa que é chefe da casa, geralmente formam parte da unidade doméstica: moradores temporários também são acomodados com freqüência. Além disso, o quadro se complica pelo costume muito comum de dar e receber filhos de criação, em caráter temporário ou permanente, e pela presença freqüente de parceiros homossexuais dos líderes das casas. A adoção (não-legal) de crianças é uma atividade altamente valorizada por mães e pais-de-santo; os casais homossexuais costumam cooperar na criação de filhos, o que é ainda mais comum entre as mulheres.

À luz das minhas observações e dos depoimentos recolhidos, concluí que, no meio social do culto, as uniões consensuais podem ser definidas simplesmente como acordos mais ou menos estáveis entre qualquer par de indivíduos que decide conviver e cooperar, e manter uma interação sexual. Em síntese, a bissexualidade me pareceu a orientação predominante entre os membros do culto, impressão que foi reiteradamente confirmada nos depoimentos dos meus informantes, e que encontra eco nos dados de Peter Fry em Belém do Pará (1977:121):

> *Um pai-de-santo foi mais explícito; em todo o Brasil e especialmente no Pará e Maranhão, se você observa cuidadosamente, achará difícil encontrar um pai-de-santo ou mãe-de-santo totalmente ortodoxos no referente ao sexo. Todos eles têm alguma falha. O Candomblé nasceu, em parte, para a homossexualidade.*

Outro aspecto fundamental para a compreensão do tema que me ocupa é que a vida do culto é entendida pelos seus membros como sendo virtualmente incompatível com o matrimônio, tal como este é definido pela sociedade mais abrangente. Além disso, devido ao fato de a mulher ser vista pela ideologia dominante da sociedade brasileira como subordinada ao marido, essa incompatibilidade é particularmente enfatizada com respeito às mulheres e expressada de várias formas. Em primeiro lugar, a maior parte das mulheres que tinham uma relação estável com um homem quando se aproximaram do culto contaram que seus parceiros se opuseram terminantemente a essa aproximação. Nestes casos, só quando o santo, na sua insistência em ser "feito", chega a arriscar a vida da filha com doenças, desmaios repentinos, ou provas de desequilíbrio mental iminente, é que, preocupados com a opinião pública, os cônjuges se curvam ao desejo do santo e aceitam a iniciação da mulher. De qualquer maneira, em muitos dos casos registrados, essas uniões terminan pouco tempo depois da entrada desta no culto. Pais e mães-de-santo advertem antes e, às vezes, dedicam uma curta fala de abertura durante o primeiro ritual da iniciação a lembrar que as responsabilidades e a dedicação que o culto exige estão em conflito aberto com as expectativas de obediência e dedicação relativas à vida de casada de acordo com os valores vigentes. Como eles dizem, as periódicas saídas de casa durante vários dias para ajudar nos rituais na casa-de-santo, a freqüente demanda de abstinência requerida para entrar no "quarto-de-santo" (onde as pedras de assentamento e os símbolos rituais são guardados) e para que o santo possa "baixar" em possessão, e os longos períodos de reclusão durante a iniciação e os rituais de "renovação" da mesma exigem um grau de liberdade que um matrimônio ortodoxo não permite. A prioridade do santo sobre o marido é repetida até o cansaço pelos líderes do culto, esperando-se que ele aceite perder uma parte importante da influência que tinha sobre a mulher.

Além disso, o desestímulo ativo da instituição do matrimônio por parte do culto é indicado pela ausência de qualquer forma de ritual para a legitimação religiosa deste vínculo. Por outro lado, proclama-se repetidamente que depois que uma pessoa entra no culto, especialmente uma mulher, somente o santo comandará a sua vida, e é a ele que se deve lealdade e obediência em primeiro lugar.[9] Em muitos casos, a autoridade do santo chega a atuar como uma proteção para ela frente ao marido, e não são raros os casos em que o santo de uma mu-

---

9. O seguinte depoimento ilustra bem como isto acontece. Quem conta é uma famosa e bem-sucedida mãe-de-santo do Recife.

> T: *Uma vez eu morei com um homem que já morreu. Este homem tinha-me dito que, se eu não aceitasse morar com ele, ele me mataria. Meu Orixalá, meu santo, já tinha falado que não era para eu ficar com ele dentro de casa porque não me daria bem. Mas o homem insistiu. Ele era*

lher em possessão ameaça gravemente ou dá conselhos imperativos ao cônjuge, dando lugar a situações que seriam impensáveis no contexto fortemente patriarcal da sociedade nordestina como um todo.

Entre os homens, algumas regularidades são também aparentes. Todos os pais-de-santos que conheci mantinham

> um filho de Xangô. Um dia eu estava com ele e Orixalá 'me pegou' (baixou em possessão) e disse: — "Filho de Xangô: eu sou Orixaogiã Bomim (fica implicada a autoridade paterna de Orixalá sobre Xangô), o dono do ori da minha filha (a mulher possuída e que agora relata a história). Que dia é hoje?"
>
> — "Quarta-feira."
>
> — "Bem, outro dia como este não verá você com ela." Tinha muita gente ali que viu isto e que ainda hoje lembra, mas eu não acreditei. No domingo seguinte, eu estava comendo com ele quando perdi a voz, minhas pernas ficaram como mortas e as lágrimas começaram a cair. Ele me perguntou o que estava acontecendo. Eu não consegui falar. Eu tinha um dinheiro para dar para ele ir embora, mas eu estava triste de ter que mandá-lo ir-se. Fiquei sem poder dizer nada por um tempo e fui levada para a cama. Depois de um pouco, eu consegui outra vez falar e disse que não era nada sério e que lhe daria um pouco de dinheiro para ele ir embora; que estava muito triste por ter que mandá-lo embora, mas que o santo não queria nos ver juntos, de modo que ele tinha que ir-se. Imediatamente aquilo me tomou e fiquei sem voz. Aí ele falou:
>
> — "Não, não, outra vez se é assim mesmo eu vou-me embora." Quando deu as seis, eu juntei as coisas dele e botei o que poderia necessitar. E cada vez que a força de Orixalá me deixava por um instante, eu chorava. Ele disse: — "Mas T., se é para você viver comigo, você vive, e, se não é, você não vive. Fique tranqüila, pare de sofrer." Ele foi embora às quatro da manhã. Eu o levei até o portão sem chorar, sem dizer uma palavra. Eu não estava em mim. Quando voltei, eu chorei tanto que pensei que ia sofrer um ataque. Todo mundo chorou. Dois dias depois, Ogum baixou (em possessão) e disse: — "Não quero a minha filha gastando lágrimas por nenhum homem. Minha filha não deve pensar ou se preocupar por causa de nenhum homem." (Ogum é o quarto santo da cabeça de T.) Então acabou tudo e não chorei mais. Logo depois, Orixalá baixou num toque e disse a mim que dali por diante eu poderia gostar de qualquer outro homem porque eu era de carne, eu era matéria, mas que homem nenhum poderia entrar na minha casa para ser o dono: que os donos de minha casa eram só eles, os meus santos. Eu poderia sair com um homem, um homem poderia me visitar, que eu poderia 'gostar'... mas que nenhum homem poderia ficar para ser o chefe, o dono da casa.

ou mantiveram mais de uma parceria sexual simultaneamente, o que costuma ser de conhecimento público. Esse tipo de promiscuidade (que não inclui incesto) é visto pelos membros do xangô como desempenhando o mesmo papel que o celibato dos padres tem para os católicos. De fato, a liberdade sexual dos pais-de-santo, só restringida nas relações com seus próprios filhos e filhas-de-santo, assegura que sua disponibilidade não seja inibida pelas exigências de vínculos familiares intensos e exclusivos. Como Fry argumenta, tentando explicar a presença de muitos homossexuais nas casas de culto de Belém, um líder que não tem uma família dispõe mais livremente dos seus ganhos e pode, constantemente, reinvesti-los no culto (Fry, 1977:118).

As polêmicas sobre o caráter sistemático ou assistemático do parentesco afro-americano começaram no início da década de quarenta. Naqueles primeiros anos, Franklin Frazier descreveu as classes pobres da Bahia que se agrupam ao redor dos candomblés como carentes de uma base familiar consistente e reconhecível (Frazier, 1942:470-478), havendo considerado o casamento ou os arranjos de parcerias sexuais como práticas fortuitas. Disse, por exemplo, sobre um importante pai-de-santo do candomblé baiano: "o comportamento sexual do meu informante era obviamente promíscuo" (Frazier, 1943, p. 403). Herskovits veio contradizer as apreciações de Frazier, tentando atribuir o que parece casual ou desorganizado no parentesco afro-americano à persistência de concepções africanas sobre organização familiar num novo meio social: a família poligínica africana teria sido "reinterpretada em termos de parcerias múltiplas sucessivas e não mais simultâneas" (Herskovits, 1966:58). No caso das populações negras do Caribe e dos Estados Unidos, a variabilidade e a instabilidade dos arranjos domésticos foram geralmente entendidas como uma conseqüência negativa de fatores econômicos (Smith, 1956; Clarke, 1957), históricos (King, 1945) ou demográficos (Otterbein, 1965). As unidades domésticas matrifocais foram vistas como defeituosas, e o parentesco como uma conseqüência do colapso social.

Mais recentemente, Raymond Smith, que nos anos cinqüenta cunhou o termo "matrifocal", reagiu contra esse enfoque e voltou a enfatizar o caráter sistemático do parentesco afro-norte-americano. Segundo esse autor, a ênfase ideológica e normativa das classes baixas, em geral, e das populações afro-americanas, em particular, não é posta na família nuclear, como ocorre nas classes médias, mas sim na solidariedade entre mãe e filho (Smith, 1970, p. 67), o que não deve ser interpretado como falta de sistema, mas como uma forma de organização alternativa.

Nesta mesma linha de raciocínio, autoras como Stack (1974) e Tanner (1974) procuram achar um modelo que mostre a maneira como as relações de parentesco entre os negros norte-americanos de classe baixa são sistemáticas e organizadas. Segundo Stack, a coerência deste sistema de parentesco pode ser encontrada se forem tomadas em consideração as estratégias que nele se articulam para expandir e fortalecer laços de afinidade e, assim, ampliar a rede de relações das quais se poderá depender em casos de necessidade. Nos termos usados por Tanner, "o sistema de parentesco afro-(norte) americano prioriza a flexibilidade" e depende de redes extensas e relações "que podem ser ativadas de acordo com as necessidades"; "muitas vezes parentes (consangüíneos) moram juntos, e uns tomam conta dos filhos dos outros" (1974, p. 153). Uma destas estratégias reconhecíveis é ter "unidades domésticas com fronteiras elásticas" (Stack, 1974, p. 128), isto é, adaptáveis a freqüentes mudanças na sua composição e abertas para alojar tantos parentes quantos forem necessários, a ponto de tornar, às vezes, difícil dizer em que casa um determinado indivíduo mora (p. 116). Outra estratégia observada consiste em limitar, sistematicamente, as possibilidades de sucesso das uniões conjugais, já que todo matrimônio estável, constituindo uma família nuclear, implica a perda de um parente para a rede de parentesco consangüíneo de onde vem um dos cônjuges. Contudo, e apesar de que as relações verticais entre mãe e filhos e as horizontais entre irmãos são os eixos do sistema e tiram do matrimônio a posição de pivô, os vínculos de afinidade com a rede consangüínea do cônjuge continuam disponíveis e podem ser ativados.

No Recife, é na família-de-santo e na importância atribuída às formas de parentesco fictício que esta sistematicidade aflora e assume características similares às apontadas por Stack e Tanner. A grande diferença entre o parentesco descrito por estas autoras e aquele que me ocupa é que o primeiro ainda se apóia na consangüinidade como fundamento dos vínculos familiares, enquanto o segundo não atribui ao sangue esta significação relevante. Tentarei mostrar dois pontos importantes em relação à família-de-santo. O primeiro deles retoma a questão da negação do matrimônio como instituição central na organização social, questão que, como ficou claro, é importante para entender o comportamento social dos membros do culto, é indicada pela incompatibilidade simbólica dos casais míticos e é apontada por Stack e Tanner como uma das estratégias centrais para compreender o parentesco dos negros de classe baixa da América do Norte. Segundo procurarei demonstrar, este tema se encontra também presente na estrutura da família-de-santo. O segundo ponto tentará expor a irrelevância das determinações biológicas na definição dos papéis sociais dentro da família-de-santo, em oposição ao forte determinismo biológico que rege a definição dos papéis rituais.

A "família-de-santo" representa a cristalização de um sistema de normas básicas de interação que são expressas em termos de parentesco. O núcleo desta família religiosa fictícia é constituído por uma "mãe" ou um "pai-de-santo" e seus "filhos-de-santo", e o local é a "casa-de-santo", onde o pai ou a mãe-de-santo mora, embora não seja necessário que todos os filhos aí habitem. O que caracteriza esse local é que as pedras de assentamento e os símbolos materiais pertencentes ao orixá do líder da casa (mãe ou pai-de-santo), assim como os pertencentes a alguns dos seus filhos-de-santo, são aí guardados (ver Carvalho, 1984). O pivô desta estrutura de parentesco fictício é a relação vertical que existe entre o líder da casa-de-santo e seus filhos-de-santo. A relação entre irmãos e irmãs-de-santo vem em segundo lugar de importância. Embora toda iniciação requeira a participação ritual de um pai e de uma mãe-de-santo do novo filho, este só se considerará membro da casa de um deles, isto é, geralmente do líder da casa onde a iniciação foi feita. Portanto, é possível dizer que há famílias-de-santo encabeçadas por homens e outras encabeçadas por mulheres, sem que isto implique qualquer diferença na sua estrutura. Se o líder de casa é homem, ele ou o iniciante designará uma mãe-de-santo para cooficiar no ritual da "feitura"; se o líder é mulher, um pai-de-santo será convidado.

Depois da iniciação, pai, mãe, irmãos e irmãs "legítimos" (de sangue) do novo filho-de-santo, se existem, passam a ser relegados a uma posição secundária, e os novos parentes fictícios passam a ser chamados por estes termos e a substituir aqueles em todas as prerrogativas que tinham – laços de solidariedade, obediência, respeito etc. Uma vez mais, fatores biológicos são relativizados pelas normas do culto. Não pode haver – e, curiosamente, jamais há – superposição entre o parentesco religioso e o parentesco legítimo. Tal superposição é tratada como uma espécie de incesto, embora este nome não seja utilizado. Uma pessoa não pode tornar-se mãe ou pai-de-santo dos seus filhos legítimos, nem de seu pai ou mãe legítimos, nem de seu cônjuge ou parceiro sexual atual ou anterior. Um pai ou mãe-de-santo não pode tornar-se parceiro sexual de um dos seus filhos-de-santo e, quando isto ocorre, acaba geralmente com o afastamento voluntário do filho ou filha.

Uma omissão significativa deve ser notada: nada é prescrito em relação à superposição entre parentesco de santo e parentesco legítimo para as pessoas que atuam juntas como pai e mãe-de-santo numa iniciação. De fato, não existe regra alguma, seja prescrevendo ou proibindo qualquer tipo de relação entre um pai e uma mãe-de-santo que oficiem juntos numa ou mais iniciações: eles poderão ser irmão e irmã legítimos, pai e filha, cônjuges ou parceiros sexuais, ou simplesmente amigos e colegas. Apesar de existir um conceito para cada um dos papéis sociais dentro da família-de-santo – mãe, pai, filha, filho, irmã e irmão-de-santo –, não existe qualquer noção de marido e mulher dentro do parentesco religioso, nem qualquer termo que denote a existência de um papel social relacional entre estas duas pessoas dentro da família-de-sangue. Além disso, cada membro de um par de pessoas que cooficiou um ou mais rituais de "feitura de santo" pode participar individualmente em outras iniciações, cooficiando com qualquer número de parceiros rituais. Em outras palavras, o pai e a mãe-de-santo de um membro não são entendidos como um casal do ponto de vista do parentesco fictício do santo. A fragilidade da relação conjugal dentro da família-de-santo, em contraste com a importância da relação vertical entre mãe e pai-de-santo e filhos-de-santo, assemelha-se ao princípio de organização já identificado por Stack e Tanner no parentesco afro-norte-americano.

Como uma unidade social, a família-de-santo coloca ao alcance dos seus membros um sistema de parentesco alternativo que é organizado e estável, apesar de ser bastante esquemático, o que libera as pessoas da incerteza de terem que depender unicamente da cooperação e solidariedade das relações de parentesco legítimo, que são, geralmente, frágeis e pouco articuladas. Neste sentido, a família-de-santo simula uma família afro-americana simples e inteiramente confiável, já que se apóia em sanções sobrenaturais e é ritualmente legitimada. Em alguns casos, quando o membro provém de uma família bem constituída nos termos da ideologia dominante na sociedade brasileira, a família-de-santo funciona como uma extensão daquela, ampliando a rede de pessoas que podem ser chamadas a ajudar em caso de necessidade. Este sistema tem a peculiaridade de não excluir as mulheres da liderança familiar, como é o caso da família patriarcal, nem os homens, como acontece com a família matrifocal, já que qualquer homem ou mulher iniciados dentro do culto têm a possibilidade aberta de tornar-se chefe de uma família-de-santo.

As estratégias que, de acordo com Stack e Tanner, dão consistência e regularidade ao parentesco afro-norte-americano, também podem ser identificadas no sistema normativo da família-de-santo, ainda que expressas em termos religiosos e rituais. O parentesco fictício religioso se estende flexivelmente ao longo de uma ampla rede de casas aparentadas, cujos membros podem ser convocados a cooperar. Apesar de haver uma ênfase nas relações verticais mãe ou pai-de-santo/filhos-de-santo em detrimento da relação mãe-de-santo/pai-de-santo, um filho pode contar com ajuda e solidariedade de qualquer dos dois lados (de qualquer uma das suas famílias fictícias de orientação). Desta maneira, por exemplo, um filho iniciado por um pai-de-santo, em colaboração com uma mãe-de-santo em uma determinada casa, poderá contar, às vezes, com a ajuda de um outro filho-de-santo "feito" noutra casa pelo mesmo pai, em colaboração com outra mãe-de-santo. Um número de estratégias, invocando, geralmente, a vontade dos orixás e os seus poderes para punir a desobediência, são corretamente implementadas para recrutar novos membros e evitar que os velhos se afastem. O objetivo é expandir constantemente e preservar a rede de relações fictícias como recurso de sobrevivência. Dentro dessas redes, os líderes de casas-de-santo, como acontece com os afro-norte-americanos, se consideram obrigados a oferecer acomodação e serviços – incluindo a aceitação de filhos para criar – de qualquer membro relacionado, se este o solicita.

Finalmente, é importante ressaltar que a casa-de-santo é, ao mesmo tempo, um centro de culto onde vários tipos de rituais são realizados e o *locus* de uma unidade social, a família-de-santo. Esses dois aspectos não devem ser confundidos. Além disso, é importante distinguir os papéis sociais dos papéis rituais atribuídos aos membros da família-de-santo. No entanto, como mostrarei, os últimos são distribuídos estritamente de acordo com o sexo biológico da pessoa, mas os primeiros não. De fato, embora durante um ritual uma mãe e um pai-de-santo tenham a seu cargo a execução de atividades específicas, na esfera estritamente social, qualquer um deles indistintamente, como já disse, pode ser o líder de uma casa e, como tal, ter a seu cargo as mesmas obrigações e desfrutar dos mesmos direitos, bem como satisfazer ao mesmo tipo de necessidade dos seus filhos-de-santo. Uma das fraquezas dos estudos afro-brasileiros tem sido a sua dificuldade em diferenciar entre papéis sociais e papéis rituais dentro da família-de-santo.

Se se considera a família-de-santo como uma unidade social, os papéis masculinos e femininos não são diferenciados. De acordo com meus informantes, mãe e pai-de-santo são papéis sociais equivalentes e não é possível apontar nenhuma atribuição que distinga o desempenho social de cada um deles. Nenhum dos meus informantes jamais aceitou a sugestão de que mãe e pai-de-santo, na qualidade de líderes de uma comunidade, atuem de maneiras específicas, e toda variação de comportamento foi sempre atribuída a idiossincrasias pessoais ou aos santos (personalidade) do líder. Embora eles se diferenciem, e se oponham nas atribuições rituais, socialmente as suas responsabilidades são idênticas: ambos dão orientação e conselho aos filhos, intermedeiam entre os orixás e filhos ou clientes através da consulta do oráculo de búzios, e captam e redistribuem os recursos disponíveis na rede de relações religiosas (essa função está bem descrita em relação às mães-de-santo da Bahia em Silverstein, 1979). Da mesma maneira, espera-se que filhas e filhos-de-santo, indiferenciadamente, obedeçam às diretivas do líder e compareçam quando são chamados a cooperar. De fato, tanto os papéis sociais de liderança como os de subordinação podem ser descritos como papéis andróginos e tanto homens como mulheres podem desempenhá-los mais confortavelmente se exibirem uma combinação de atitudes masculinas e femininas no seu comportamento. Noutras palavras, considera-se que homens que apresentam facetas femininas e mulheres com facetas masculinas acumulam uma gama mais ampla de experiência e são capazes de compreender as necessidades espirituais de um número maior de filhos e clientes. Daí também a preferência, antes mencionada, por uma combinação de um santo masculino e um feminino na cabeça dos membros.

Por outro lado, todas as atividades executadas nos rituais são estritamente distribuídas de acordo com o sexo da pessoa. Tive repetidas indicações de que, na esfera ritual, as categorias naturais de macho e fêmea adquirem uma significação de que carecem em todas as outras esferas de interação. Revisando rapidamente a distribuição de papéis na organização dos rituais, constata-se que só os homens podem sacrificar os animais oferendados aos orixás, cortar os *oberés* (incisões na pele) e raspar a cabeça dos iniciantes, entrar no "quarto de Igbalé", onde os espíritos dos mortos habitam, e oficiar para eles, tocar os tambores, cantar para Exu e abrir e fechar os "toques" ou rituais públicos – embora tivesse presenciado ocasiões em que as últimas três proibições não foram cumpridas, o que fez pensar que elas são menos rigorosas que nas quatro primeiras, sempre obedecidas. No entanto, os papéis femininos são vistos como indispensáveis e complementares aos masculinos, mas as responsabilidades a eles associadas consistem na execução ritualizada de tarefas domésticas. As iabás (ajudantes rituais) assistem ao oficiante no que for necessário, cuidam das pessoas em estado de possessão e preparam as comidas que serão oferecidas aos santos. As mães-de-santos supervisionam todas estas atividades e ajudam o pai-de-santo e o seu acipá (ajudante do pai-de-santo) na manipulação dos materiais necessários para a oferenda. A proibição que veda às mulheres menstruadas receber santo em possessão ou entrar no "quarto-de-santo" (onde as pedras dos santos e os seus símbolos rituais são guardados) parece confirmar os fundamentos "naturais" das categorias enfatizadas pela ordem ritual. Além disso, nos toques, a distribuição espacial dos dançadores é organizada de acordo com o sexo, os homens dançando num círculo interior e as mulheres em círculo externo. Só quando uma pessoa é possuída por seu santo é que ela deixa esta formação e vai dançar em frente dos tambores. De fato, com a possessão, o sexo biológico se torna de novo irrelevante e só o sexo do santo é expressado nos gestos, nos símbolos materiais e na roupa exibidos na dança do orixá que "baixou".

A ênfase do ritual em categorias baseadas no sexo biológico se opõe à falta de uma divisão sexual do trabalho na família-de-santo como unidade social e com a irrelevância do sexo biológico para a definição da personalidade individual e da sexualidade. Voltarei a referir-me à sexualidade na próxima seção e nas conclusões, mas é importante assinalar que os homens que são exclusivamente homossexuais oficiam em rituais em papéis masculinos, atuando como pais-de-santo ou *acipás*. Desta maneira, o ritual põe em evidência que a esfera da sexualidade é concebida como estando inteiramente separada das categorias naturais de macho e fêmea. Além disto, a rigorosa abstinência sexual que deverá ser seguida pelas pessoas que tomarão parte em rituais indica, igualmente, que a esfera ritual está excluída da esfera da sexualidade, com sua relativização do sexo biológico. O ritual aponta para a natureza como um horizonte de referências imutável, mas o faz para contrastá-la com a fluidez das opções humanas: macho e fêmea são fatos da natureza e como tais contam no ritual, mas se tornam irrelevantes no mundo humano da cultura, quer dizer, nos papéis sociais, na personalidade e nas preferências sexuais. Todos estes níveis aparecem vinculados na ideologia dominante, que os força a se ajustarem a equivalências convencionais; mas, através da visão de mundo peculiar do xangô, o caráter arbitrário destas equivalências torna-se evidente.[10]

4. Sexualidade e conceitos que expressam identidade sexual

Em seus muitos anos de pesquisa nas casas de culto xangô do Recife, Ribeiro achou que uma grande porcentagem de homens experimentam o que ele descreveu valorativamente como "dificuldades na identidade sexual" (1969, p. 8) e que a homossexualidade entre mulheres do culto não é incomum (1970). Por minha parte, ouvi repetidamente dos meus informantes a opinião de que a homossexualidade "é um costume" entre o "povo-do-santo", especialmente entre as mulheres. Isto é tido como verdadeiro a ponto de que, sempre que duas mulheres moram juntas e se ajudam mutuamente, presume-se automaticamente que elas sejam, também, parceiras sexuais; pelo menos isto aconteceu com todos os casais de amigas que conheci.

---

10. À guisa de curiosidade, lembremo-nos aqui que Lévi-Strauss aponta para uma oposição entre ritual e mito, onde o ritual é visto como uma reação ao modo como o homem pensa o mundo. Só que no texto de Lévi-Strauss o rito, por sua sintaxe, corresponde à fluidez do viver, enquanto o mito reflete as unidades descontínuas do pensar (Lévi-Strauss, 1983, p. 615). Nos termos de Leach:

> *Ritual, according to Lévi-Strauss... is a procedure we adopt to overcome the anxieties which are generated by this lack of fit between how things really are and how we would like to think about them* (Leach, 1976, p. 13).

Do meu ponto de vista, esta oposição existe no xangô, mas ao inverso: o ritual, no xangô, enfatiza a descontinuidade de certas categorias recortadas sobre a base das descontinuidades do mundo da natureza, enquanto o pensamento mítico reflete a versatilidade das combinações possíveis no mundo humano do pensamento e da cultura.

Contudo, é comum que estas mesmas pessoas declarem que a homossexualidade é um costume indecente e acusem outros de praticá-la, fazendo pilhéria sobre eles. Conforme já disse, por muitos meses durante meu terceiro período de trabalho de campo as afirmações dos meus informantes pareciam expressar conformidade à ideologia dominante da sociedade brasileira e encontrar-se em aberta contradição com seu próprio estilo de vida. Isso me ensinou a jamais ficar apenas no nível do discurso enunciado ou acreditar que este representa linearmente a ideologia do grupo; aprendi também a importância de diferenciar a consciência discursiva da consciência prática (Giddens, 1979, pp. 5 e 208). Depois, percebi que, sem conflito aparente, as pessoas reconhecem e aceitam os méritos e vantagens dos valores reinantes mas, de alguma maneira, não se vêem a si mesmas atingidas por estes valores. Assim, não surge culpa, pesar ou ressentimento pela certeza de "ser errado". Há apenas a prudência e o cuidado de deixar claro que se conhecem as regras (embora não se jogue com elas).

Por muitas razões, a maior parte proveniente da assimetria dos papéis femininos e masculinos, tal como eles são concebidos pela ideologia dominante, a homossexualidade dos homens e das mulheres não constitui fenômeno totalmente equivalente. Isto fica claro, por exemplo, no fato de que, enquanto para os homens existem alguns termos que reificam a preferência sexual numa identidade, isto é, há certos conceitos que indicam identidade em relação à preferência sexual, para as mulheres não se aplica qualquer noção deste tipo.

As expressões "amor" ou "estar apaixonado" não são utilizadas, e as pessoas descrevem seus casos amorosos, de curta ou longa duração, falando em "gostar de alguém". Especialmente entre as mulheres, quando o nome da pessoa de quem se está gostando ou já se gostou não é mencionado, este é substituído pelo termo "criatura", por exemplo: "naquele tempo eu estava gostando de uma criatura da casa da mãe Lídia", apontando, não sem um toque de humor, a irrelevância do sexo da pessoa preferida. A palavra "lésbica", embora conhecida, jamais é usada e, de fato, não há qualquer termo que denote uma noção de oposição entre uma mulher que tenha relações homossexuais e uma que não as tenha, ou que indique que elas pertençam a categorias distintas. O seguinte exemplo evidencia bem o ponto de vista do povo-do-santo: numa casa-de-santo que estudei, havia uma filha-de-santo cuja mãe tinha sido uma famosa filha de Xangô, conhecida em todo o Recife. A mãe manteve uma relação com outra filha-de-santo da casa por muitos anos, e ambas criaram a menina que, na época da minha pesquisa, já tinha uns trinta e cinco anos e havia sido iniciada vinte anos antes. Esta tinha se casado legalmente, mas estava separada e era mãe de um menino e de uma filha de criação. Sobre ela, as pessoas freqüentemente comentavam que "ela ainda nunca gostou de mulher" e faziam brincadeiras entre si e na sua frente, manifestando convencimento de que chegaria o dia em que isto iria acontecer. Este caso é uma boa ilustração de como, pelo menos para as mulheres, a homossexualidade não é considerada em si como uma questão de identidade separada, mas em relação à gama de experiências que se pode atingir. Além disso, a norma para as mulheres é mais a bissexualidade que a homossexualidade ou heterossexualidade exclusivas e muitas delas vivem em parceria com um homem e uma mulher simultaneamente. Existe, sim, a noção de que certas mulheres são mais masculinas do que outras, mas isto surge de uma avaliação de sua identidade de gênero como um todo e não, exclusivamente, da sua sexualidade, Por exemplo, conheci uma mãe-de-santo da qual algumas pessoas diziam ser "mulher-homem", e o que argumentavam era que o seu santo dono da cabeça, seu "ajuntó" e um terceiro orixá que tinha, eram todos "santos-homens", que ela jamais teve relações sexuais com homem e que já não tinha menstruação. Mas também existem mulheres que declaram ter preferência por relações homossexuais, mas que são consideradas muito femininas, em função dos seus santos.

O caso dos homens é diferente, a preferência sexual se traduz em termos que expressam identidade, tais como "bicha", "frango", *adéfero* ou *akuko adie* – estes dois últimos sendo palavras da língua iorubá[11] – embora não exista palavra equivalente ao termo inglês *straight*. *Adéferos* são homens que têm preferência por relações homossexuais e, geralmente, expressam esta orientação exibindo gestos diacríticos de fácil reconhecimento. Contudo, estes gestos não são considerados indicadores da personalidade, mas da sexualidade do indivíduo e, de fato, existem muitos *adéferos* cujo dono da cabeça é um orixá masculino. Da mesma forma, como já disse, *adéferos* oficiam em papéis rituais masculinos e são muito bem-sucedidos no papel andrógino de líderes de casas-de-santo. Com suas explicações, o pessoal do santo deixa claro que os *adéferos* não são transexuais. Na verdade, a transexualidade só pode existir no seio de uma visão de mundo onde os atributos do gênero feminino, assim como os do masculino, são concebi-

---

11. A ortografia e a tradução das palavras *adéfero* e *akuko adie* me foram ensinadas por meu colega iorubá Yemi Olaniyan. Ele também me disse estar convencido de que não existe homossexualidade entre os iorubá da Nigéria e que jamais teve conhecimento de qualquer caso. Mais ainda, disse não conhecer termo algum na língua iorubá que sirva para denominar este tipo de comportamento. Informações levantadas por Ribeiro (1969, p. 118) parecem confirmar esta afirmação. *Akuko adie* significa "frango" e é portanto a tradução literal do termo vulgarmente usado no Recife para chamar aqueles homens que têm preferência por relações homossexuais. O termo *adéfero* tem duas traduções possíveis, dependendo da entonação original da palavra, que se perdeu com a passagem da palavra ao meio português. As duas traduções são nomes pessoais. *Adéfero* significa: "a coroa se estende até a corte" ou "o homem que porta a coroa se tornou parte da corte" e geralmente indica que a pessoa assim chamada pertence a uma família cuja posição foi elevada por um membro da corte. Por outro lado, pode-se tratar da contração da expressão *ade fe oro*, que significa: "a coroa se estende até o culto de Oro" ou "o homem que carrega a coroa ama o culto de Oro". O culto de Oro é um ritual de mascarados dedicados aos espíritos dos mortos no qual só homens participam e assustam as mulheres usando uma matraca. De fato, é o único culto iorubá sob a exclusiva responsabilidade de homens, já que até no egungun, também de mascarados e dedicados aos mortos, as mulheres podem ter alguma participação. Na época da minha pesquisa, nenhum membro conhecia a tradução literal de qualquer uma destas palavras nem tinha conhecimento sobre o culto de Oro.

dos em bloco, isto é, onde personalidade, papel social e sexualidade estão indissoluvelmente vinculados a um ou outro gênero.

Indo um pouco mais fundo, é importante esclarecer que, embora a identidade do *adéfero* seja definida pela preferência por relações homossexuais, muitos *adéferos* mantêm, pelo menos, uma relação heterossexual durante um período das suas vidas e outros – entre estes alguns famosos pais-de-santo do Recife – têm mulher e filhos. A maior parte tem ou procura ter um *okó* (palavra iorubá que significa marido). O *okó* não denomina um *status*, mas um tipo de relação; quer dizer, ninguém é um *okó* mas um *okó* em relação a outra pessoa, seja esta um *adéfero* ou uma *obinrin* ('mulher' na língua iorubá). Além disto, pode-se dizer que existe uma margem de mobilidade nestas categorias e conheci, pelo menos, um caso de um homem que tinha sido um *adéfero* conhecido e tornou-se o *okó* de uma mulher, abandonando a identidade de *adéfero*. De fato, chegou um momento na minha pesquisa em que tive clara percepção de que a sexualidade, ou seja, as preferências sexuais dos membros do culto não têm seu fundamento no sexo biológico, nem na personalidade, nem no papel social, e que a atividade sexual é, em última instância, um tipo específico de interação que se estabelece entre dois indivíduos, independentemente dos seus atributos genéricos, biológicos, caracterológicos ou sociológicos. No caso das mulheres, essa fluidez nas opções sexuais é claramente expressa nas opiniões dos membros do culto, mas no caso dos homens, como já disse, ela é encoberta pela superposição de categorias que provêm da ideologia dominante e que congelam a preferência sexual numa identidade que poderia ser chamada de pseudo-social, porque se traduz em termos de uma categoria social.

Desta maneira, a complexa composição da identidade de um indivíduo resulta do seu desempenho em quatro níveis ou esferas que, embora vinculados por equivalências forçosas na visão do mundo dominante, na experiência dos membros do xangô mostram-se independentes; tais são os níveis biológicos, psicológicos, social e sexual. Com referência à identidade de gênero, o indivíduo se situa num ponto de um *continuum* que vai do masculino ao feminino, de acordo com uma combinação de traços que lhe é peculiar; alguém que tem uma anatomia masculina, que tem dois santos homens e que só se relaciona como *okó* com seus parceiros sexuais estará próximo do pólo masculino, e alguém que tem uma anatomia feminina, dois santos femininos e que só "gosta" de homem, encontrar-se-á próximo do pólo feminino. Além disso, se a primeira destas pessoas tem Ogum como primeiro santo, estará mais próxima ainda do pólo correspondente, e se a segunda tem Oxum como dona da cabeça, ficará mais próxima do extremo feminino. No caso das mulheres, um quarto fator é também tomado em consideração e, como ocorre em muitas sociedades africanas, uma mulher que já passou pela menopausa é classificada como sendo mais próxima do pólo masculino que uma que ainda tem menstruação. A relevância deste sistema complexo de composição da identidade de gênero está em que uma pessoa que se situa na parte central do espectro, como alguém que combina um santo-homem e um santo-mulher e tem uma orientação homossexual, poderá invocar os componentes masculinos e femininos de sua identidade de acordo com a situação e como parte de estratégias para acumular papéis sociais e rituais. Esse tipo de pessoa, portanto, além de ser mais numeroso dentro do culto, tem também mais sucesso como líder dentro do parentesco religioso. Um bom exemplo disso é o caso anteriormente mencionado da mulher considerada por alguns como "mulher-homem": ela invocava sua proximidade com o pólo masculino para legitimar-se na execução de alguns papéis reservados aos homens no ritual, embora jamais chegasse a substituir completamente o homem em tarefas mais "pesadas", como a manipulação dos espíritos dos mortos ou eguns.

Conclusões

1. Os possíveis efeitos da escravidão nas categorias de homem e mulher

Nesta seção, analisam-se as possíveis conseqüências da escravidão no Brasil, com sua ruptura dos padrões de comportamento tradicionais e das concepções relativas ao casamento, ao vínculo de sangue e aos papéis sexuais. Numa revisão crítica do conceito de casamento, Rivière conclui que:

> *as funções do matrimônio, assim como o matrimônio mesmo, são simplesmente uma expressão, uma conseqüência de uma estrutura subjacente mais profunda. O que sugiro é que o princípio ordenador desta estrutura profunda (...) é a distinção universal entre macho e fêmea, e que o matrimônio é um aspecto da conseqüente relação entre estas duas categorias* (1971, p. 70).

Segundo este autor, também os casais homossexuais seriam uma expressão da relação estrutural entre os "papéis conceituais de macho e fêmea" (p. 68). De minha parte, uso o argumento de que a experiência da escravidão pode ter abalado a oposição estrutural entre os conceitos de masculino e feminino que estava na base da instituição da família nas sociedades africana e portuguesa, oposição essa que parece ter sido logo reinterpretada por alguns grupos de descendentes de escravos no Brasil, tirando, ao mesmo tempo, o casamento da sua posição central na estrutura social. De fato, com a escravidão, a família negra foi desfeita, o que pode ter resultado numa transformação do significado e dos valores tradicionalmente associados à oposição entre estas categorias.

Degler, em sua bem documentada comparação da escravidão no Brasil com a dos Estados Unidos, produz algumas evidências de como este processo provavelmente se desenvolveu. De acordo com este autor, os donos de escravos não só podiam vender e, certamente, venderam separadamente escravos que eram cônjuges (Degler, 1971, p. 37), mas também a maior parte da população escrava jamais se casou ou viveu em uniões consensuais estáveis:

> *Antes de 1869 (...) a lei não dava proteção alguma à família escrava no Brasil (...) um vigoroso comércio interno com escravos desfez muitas famílias, seja com uniões legitimadas pela Igreja ou não. O comércio interno de escravos foi especialmente ativo depois de 1850, quando o tráfico externo estava fechado (...)* (pp. 37-38).

Além disso, também as crianças eram separadas de suas mães pelo tráfico e houve até casos em que os donos venderam seus próprios filhos com mulheres escravas (Degler, 1971, p.38). Por um longo período histórico, a grande maioria dos escravos não contraiu uniões estáveis nem formou famílias. A falta de interesse na criação de escravos por parte dos escravocratas foi outro fator fundamental. Enquanto nos Estados Unidos prevaleceu uma preocupação em manter o equilíbrio entre o número de mulheres e homens, assim como o reconhecimento e a expectativa de que o acasalamento resultaria, naturalmente, na procriação de filhos (Degler, 1971, p. 63) e, portanto, na reprodução da força de trabalho, no Brasil isto não foi considerado economicamente proveitoso e se optou pela compra de escravos adultos já capazes de trabalhar, em vez da produção dos mesmos, a curto prazo mais dispendiosa. A conseqüência desta política mais ou menos generalizada no país foi que

> *de fato, as próprias horas durante as quais homens e mulheres podiam permanecer juntos (...) eram deliberadamente limitadas. Alguns donos restringiam conscientemente a possibilidade de os escravos se*

reproduzirem, encerrando-os em compartimentos separados durante a noite (Degler, 1971, p. 64).

Outro aspecto desta estratégia foi um enorme desequilíbrio na proporção de homens e mulheres, ao ponto de que

em algumas plantações mulheres escravas nunca chegaram a existir e, na maioria dos casos, os homens foram, de longe, muito mais numerosos que as mulheres (Degler, 1971, p. 66).

Este desequilíbrio teve, no Brasil, duas outras conseqüências. Uma delas foi um número mais alto de escravos fugidos, o que incidiu na já grande mobilidade horizontal (geográfica) da população negra neste país, enquanto nos Estados Unidos,

com os escravos, mais ou menos distribuídos em unidades familiares, fugir significava para um escravo uma grande perda pessoal, já que deveria deixar para trás mulher e filhos (Degler, 1971, p. 67).

A outra provável conseqüência pode ter sido o curioso decréscimo, tantas vezes mencionado na literatura, da população negra no Brasil (Fernandes, 1969; Saunders, 1958; Bastide, 1974b: vide uma visão crítica em Hutchinson, 1965). O desequilíbrio mencionado pode ter influenciado nas concepções tradicionais dos escravos sobre a oposição e complementaridade dos sexos.

Outro aspecto que pode ter levado a uma transformação das noções que regem as relações entre os sexos é o que pode ser chamado de inimizade ou antagonismo generalizado entre estes. Gilberto Freyre, no seu livro clássico sobre a família escravocrata (1973), fornece evidências suficientes das tensões que caracterizavam as relações entre homens e mulheres das duas raças confrontadas pela escravidão. Outros autores como Bastide (1972 e 1974a), Fernandes (1969), Soeiro (1974), Russel-Wood (1977) e o próprio Degler analisaram diferentes ângulos desta faceta característica da história brasileira (a sociedade norte-americana experimentou-a em grau muito menor, mas o Caribe manteve certas semelhanças com o caso brasileiro – ver, por exemplo, Patterson, 1967 e M.G. Smith, 1953).

Em primeiro lugar, a exploração das mulheres negras por seus amos é bem conhecida, e abundam na literatura detalhes dos seus aspectos aberrantes e desumanos. Em segundo lugar, as relações entre os branco escravocratas e suas mulheres eram também caracterizadas por tensão e, em muitos casos, por ódio manifesto. As mulheres destas famílias eram obrigadas a viver uma vida de reclusão que já foi comparada com o *purdah* das sociedades islâmicas, o que assegurava a pureza de raça dos descendentes, e garantia, portanto, a concentração da riqueza pelos brancos (Russell-Wood, 1977). Elas eram destinadas, exclusivamente, ao papel reprodutor e, em muitos casos, observaram com impotência e ressentimento seus maridos buscarem prazer na companhia de mulheres escravas (casos cruéis de vinganças por este motivo são enumerados na obra de Gilberto Freyre). Em terceiro lugar, as relações entre as mulheres e os homens de raça negra também eram tensas e à escassez numérica das primeiras somaram-se outros inconvenientes. Por um lado, os homens não podiam oferecer proteção ou qualquer outro benefício a suas possíveis mulheres; pelo contrário, muito provavelmente eles poderiam tornar-se seus dependentes e uma carga para elas. Assim, muitas mulheres negras rejeitaram casar-se ou tentar qualquer tipo de união com escravos ou seus descendentes. Por outro lado, nos casos em que os homens negros adquiriram meios econômicos e podiam escolher suas companheiras, eles, sistematicamente, rejeitaram casar-se, unir-se consensualmente ou reproduzir com mulheres da sua cor, fenômeno que já foi descrito na literatura como uma "desvantagem" das mulheres negras na busca de parceiros. Este último é um outro fator freqüentemente invocado pelos autores para tentar explicar o chamado "branqueamento" da população brasileira, isto é, o declínio relativo da população negra do país (Fernandes, 1969; Saunders, 1958; e Bastide, 1974b).

Finalmente, para a mulher escrava e seus descendentes, as condições da escravidão e dos períodos subseqüentes tiveram o efeito de sacudir a relação de subordinação com respeito aos seus pares, à qual teriam sido relegadas nas suas sociedades de origem. Elas tinham mais chances de se empregar nos serviços domésticos ou de ser tomadas como concubinas por seus amos, e por tal razão tiveram, em geral, um contato mais próximo com o estilo de vida das classes altas do que os homens e, portanto, puderam adquirir certas habilidades e conhecimentos que lhes permitiram lidar melhor com aqueles no poder. Estas habilidades, incluindo a possibilidade de recorrer ao comércio ocasional do sexo em situações de necessidade, elas continuaram a ter para sua sobrevivência mesmo depois de terminada a escravidão, enquanto os homens foram maciçamente condenados ao desemprego e, em muitos casos, até expulsos dos trabalhos em que haviam servido por três séculos, para serem substituídos por imigrantes europeus. Em relação a isto, Landes chegou a sugerir que

> *devido ao fato de a personalidade feminina continuar a modelar-se sobre a base das necessidades primárias da família e dos filhos, é provavelmente menos lesada ou exposta que a dos homens quando a ordem social é destruída, enquanto a destruição social desarraiga violentamente a personalidade masculina das empresas de governo, propriedade e guerra, prestigiosas e intrincadas, embora socialmente secundárias. Sob o regime de escravidão, pois, os homens negros experimentaram uma humilhação provavelmente mais profunda e mais inconsolável que as mulheres* (Landes, 1953, p. 65).

De fato, o poder e a autoridade que os homens tradicionalmente podiam exercer sobre suas mulheres e descendentes, mesmo naquelas sociedades africanas onde elas têm mais acesso à independência econômica e a posições de alto *status*, foram minados no Brasil pelas leis da escravidão. Estes homens, então, perderam qualquer tipo de controle sobre esposas e filhos e foram expulsos dos papéis sociais que sempre haviam desempenhado. Nenhuma identidade alternativa foi deixada ao seu alcance no que diz respeito às relações familiares. O modelo do *pater familias* branco ficou igualmente fora das suas possibilidades. Com isto, um dos produtos sociais da escravidão foi, provavelmente, não só a mudança dos padrões de comportamento, mas, sobretudo, no que se refere às concepções do que homens e mulheres representam culturalmente e do que se espera que façam socialmente. Esta situação foi prolongada depois do fim da escravidão como conseqüência da marginalidade econômica a que ficaram condenados os homens de cor.

Como parte deste processo, a própria sexualidade parece ter adquirido um novo significado. Florestan Fernandes atribuiu o chamado "erotismo" do negro brasileiro à desorganização social decorrente da sua condição. Embora eu não concorde com o tom valorativo de seus termos, é interessante citá-los:

> *(...) ocorriam relações heterossexuais entre irmãos e irmãs e entre primos e também se formavam pares e grupos homossexuais, dos quais podiam participar amigos da vizinhança (...) Privados das garantias sociais que mereciam e necessitam urgentemente, e deslocados dos centros de interesse vitais para o crescimento econômico e para o desenvolvimento sóciocultural, eles descobriram no corpo humano uma fonte indestrutível de auto-afirmação, compensação do prestígio e auto-realização (...) Nenhuma disciplina interna ou externa sublimou a natureza*

emocional ou o significado psicológico do prazer sexual (...) Foi a escravidão que quebrou estas barreiras (...) impedindo a seleção de parceiros e até os momentos de encontros amorosos, forçando uma mulher a servir a vários homens e encorajando o coito como um mero meio de aliviar a carne (...) A maneira pela qual o sexo se tornou o tópico central do interesse das pessoas e denominou suas relações sociais, transformando-se numa esfera de expressão artística, competição por prestígio e congenialidade (e, portanto, de associação comunitária), claramente indica a falta de certas influências socializantes que se originam e são controladas pela família (...); mas a família não conseguiu estabelecer-se e não teve um efeito sócio-psicológico e sócio-cultural sobre o desenvolvimento da personalidade básica, o controle do comportamento egocêntrico e anti-social, e o desenvolvimento dos laços de solidariedade. Isto pode ser historicamente confirmado com uma simples referência à principal política da sociedade senhorial e escravocrata no Brasil, a qual sempre procurou impedir a vida social organizada da família entre os escravos (Fernandes, 1969, pp. 82-85).

Talvez a mudança do comportamento sexual dos afrobrasileiros em relação aos seus antepassados africanos e, particularmente, à freqüência de comportamentos homossexuais característica de alguns grupos, como é o caso do xangô, possa ser atribuída à igualdade imposta a todos os escravos, homens e mulheres, pelo sistema escravocrata e à conseqüente perda de poder por parte dos primeiros. Esta igualdade resultou de virtual erradicação da instituição da família, já que cada indivíduo era propriedade de um amo. Esta sujeição direta ao dono e o desestímulo sistemático da procriação obliteraram legalmente qualquer forma de organização hierárquica tradicional baseada no parentesco entre escravos ou, pelo menos, dificultaram gravemente sua continuidade. Pode ter acontecido, então, que os escravos e seus descendentes se transformaram, na qualidade de grupo, na mais elementar, na menos socializada de todas as sociedades possíveis; uma sociedade na qual tanto as velhas instituições africanas como as novas luso-brasileiras puderam imprimir somente marcas superficiais. Se isto for verdade, então torna-se compreensível que a verdadeira natureza indiferenciada da pulsão sexual tenha transparecido nas práticas dos membros destes grupos.

Resenhando criticamente o tratamento que Lévi-Strauss (1971, p. 348) dá à mulher nos seus trabalhos sobre parentesco, Rubin analisa a afirmação desse autor de que a divisão sexual do trabalho não é mais que um artifício para instituir um estado de dependência recíproca entre os sexos (e, assim, garantir a procriação), e comenta:

> (...) (ao dizer que) os indivíduos são encaixados em categorias do gênero para que a cópula seja garantida, Lévi-Strauss chega perigosamente perto de dizer que a heterossexualidade é um processo instituído. Se os imperativos biológicos e hormonais fossem tão determinantes como a mitologia popular os considera, não seria necessário promover uniões heterossexuais por meio da interdependência econômica (Rubin, 1975, p. 180).

Desta maneira, para Rubin, oposições entre homens e mulheres, "longe de ser uma expressão das diferenças naturais..., é a supressão de similaridades naturais" e "requer a repressão, nos homens, de quaisquer que sejam os traços 'femininos' de comportamento na versão local e nas mulheres, daqueles traços definidos localmente como 'masculinos'", com a finalidade cultural de opor uns aos outros. Este processo resulta num "sistema sexo/gênero" que a autora descreve como "o conjunto de arranjos pelos quais uma sociedade transforma a sexualidade biológica num produto da atividade humana e através dos quais tais necessidades sexuais são satisfeitas" (Rubin, 1971, p. 159). Segundo Rubin, em todas as sociedades, a personalidade individual e os atributos sexuais são "generizados", isto é, forçados pela cultura a adequar-se à "camisa-de-força do gênero" (p. 200). Tais sistemas sexo/gênero "não são emanações a-históricas da mente humana" mas "produtos da atividade humana, que é histórica" (p. 204). É, então, historicamente que o componente homossexual da sexualidade humana é suprimido como parte do processo de imposição do gênero sobre os indivíduos e com a finalidade de garantir a existência e a continuidade da instituição do matrimônio. Desta perspectiva, torna-se compreensível que, apesar de muitas sociedades humanas aceitarem a existência de homossexuais (vide resenha do registro antropológico existente sobre os casos mais conhecidos em Fry e MacRae, 1985, pp. 33-45), e ainda outras, o casamento entre pessoas do mesmo sexo (é clássico o exemplo relatado na literatura por Evans-Pritchard, em 1945 e 1951, e vide resenha sobre o tema em O'Brien, 1977), isto não abala o processo mesmo de generização, já que, para estes casais existirem, eles devem, outra vez, transformar-se em equivalentes sociais dos casais heterossexuais, isto é, traduzir sua relação em termos de gênero. Seus membros passam, então, a ser concebidos como homens e mulheres sociais: "uma união de sexos opostos socialmente definidos" (Rubin, 1975, p. 181), ou um casamento "entre os papéis conceituais de homem e mulher" (Rivière, 1981, p. 68).

Mas, no caso brasileiro, os fatores que acabo de vincular ao regime escravocrata podem ter determinado um afrouxamento dos imperativos que, tradicionalmente, regeram a construção do gênero e a conseqüente determinação genérica da sexualidade. Isto não significa que a homossexualidade tenha sido diretamente promovida, mas que a heterossexualidade, de acordo com o sugerido por Rubin, pode ter perdido seu papel central, deixando a escolha aberta às oposições individuais.

De outro ponto de vista, Ortner e Whitehead sugerem que "um sistema de gênero é, em si mesmo, primeiramente e, sobretudo, uma estrutura de prestígio... Sendo os homens, enquanto homens, superiores... em toda sociedade conhecida" (1981, p. 16). De acordo com estas autoras, as estruturas de prestígio são tão relevantes para "generizar" a sociedade que a própria forma que a sexualidade assume depende delas. Assim, o erotismo é tão condicionado por preocupações de ordem social que, pesquisando as estruturas subjacentes da fantasia em diferentes sociedades, os estudiosos acham "um universo de psiques ansiosas por *status*, onde, por um lado, insiste-se numa direção na qual o erótico ameaça o acesso a posições sociais almejadas e, por outro, tenta-se descobrir de que maneiras este último pode ser evitado"(p. 24). Se for assim, é possível que o colapso da estrutura hierárquica familiar e o conseqüente nivelamento das relações entre homens e mulheres escravos tenham tido um efeito liberador sobre seu erotismo. Pelo fato de escravos, especialmente os homens, terem tido pouco acesso às estruturas de prestígio vigentes, o erotismo pode ter perdido a orientação hierárquica entre eles. Além disto, não deve ser esquecido o fato de que, apesar de sempre freqüentes, as relações sexuais entre brancos e pretas ou mulatas, os casamentos racialmente mistos foram e continuam a ser muito raros, podendo-se dizer que a mistura das duas sociedades nunca foi efetiva no nível institucional, e os negros, como grupo social, foram maciçamente mantidos fora das estruturas de prestígio vigentes e das famílias da sociedade branca brasileira (ver, por exemplo, Ianni, 1972, pp. 123-129, 137). Por outro lado, como já foi dito, a família negra não conseguiu abrir caminho ao longo dos anos de escravidão, nem depois. Com isto, é possível que a sexualidade e suas formas prescritas de expressão tenham-se liberado do filtro ideológico que escurece sua verdadeira essência e que transforma o erotismo em meio apto à negociação por prestígio. A ênfase na heterossexualidade, então, se não desapareceu, foi, provavelmente, debilitada e, tal como se depreende da análise de Rubin, quando a heterossexualidade deixou de ser promovida ativamente pelos mecanismos da cultura, ela continuou apenas como uma das opções possíveis e não mais como a prática exclusiva e "natural".

Há poucos dados históricos sobre a sexualidade durante a escravidão. Bastide, no seu intento de abordagem psicanalítica do cafuné, sugere que ele constitui uma sublimação da proclividade homossexual entre as mulheres e enumera abundantes alegações de lesbianismo entre meninas e mulheres de diferentes classes sociais levadas às cortes da Inquisição na Bahia e em Pernambuco (Bastide, 1959). Em outra publicação, o mesmo autor procura uma explicação para o grande número de homens homossexuais no culto, apontando a presença de escravos islamizados entre os quais a homossexualidade teria sido freqüente, segundo Bastide, assim como a prática de encerrar, separadamente, homens e mulheres nas horas de descanso (Bastide, 1954, pp. 93-94). Ele acrescenta que a prática contemporânea de atribuir santos femininos a homens pode reforçar esta propensão à homossexualidade, já que os induz a desenvolver os aspectos femininos de sua personalidade. Mais recentemente, Mott (1982a e b) fez um levantamento dos casos de homossexualidade no Brasil colonial e escravocrata. João Trevisan, em publicação de 1986, também oferece abundantes exemplos das acusações de sodomia e homossexualidade nas cortes coloniais da Inquisição e defende a tese de que o luxo de um "desejo indômito" (1986, p. 34) seria uma característica da experiência histórica brasileira.

Além das explicações de cunho histórico dadas por Bastide, outros autores tentaram entender a importância numérica dos homossexuais apoiando-se em aspectos contemporâneos dos cultos afro-brasileiros na Bahia (Landes, 1940), no Recife (Ribeiro, 1969) e em Belém (Fry, 1977). No primeiro caso, Landes presume que, devido a ser o culto um "matriarcado" (as mulheres detêm o poder no seu papel de mães-de-santo), "o candomblé proporciona amplas oportunidades" para homens que "querem ser mulheres" (1940, p. 394). No segundo caso, argumenta-se que o culto é procurado por homossexuais ou homens "com problemas de ajustamento sexual" porque ele satisfaz sua necessidade de estar em companhia de mulheres e "exibir seus maneirismos ou identificar-se com deidades femininas", e porque é um modo de achar compensação pelas frustrações que sofrem na sociedade envolvente. Assim, nos diz Ribeiro, o culto "não pode ser tido como responsável pelos seus desvios sexuais" (Ribeiro, 1969, p. 119); a visão preconceituosa do autor torna-se evidente nos termos da sua argumentação. Finalmente, Fry, inspirado por Mary Douglas, Petter Brown e Ioan Lewis, sugere que, devido aos poderes mágicos serem relacionados com a periferia da sociedade, não surpreende que também sejam associados com as pessoas definidas como marginais (1977, pp. 120-121). Todos estes autores mencionam, em algum ponto de seus argumentos, que os homens podem dançar possuídos por espíritos femininos e identificar-se com estes, e que o culto lhes oferece a possibilidade de sobressaírem no desempenho de tarefas domésticas, reservadas às mulheres na sociedade mais ampla. Nenhum destes autores abordou a forte presença da homossexualidade feminina.

Quanto a mim, vejo as homossexualidades masculina e feminina como formando parte da gama de comportamentos normais dos componentes das casas estudadas e, por isto, pareceu-me apropriado buscar a raiz desta peculiaridade na história do grupo. Quero advertir que isto não significa procurar uma explicação para a homossexualidade mesma, que é parte da natureza do homem, mas tentar entender como aquilo que contravém as normas da sociedade brasileira não contravém as normas do xangô. Se o que aqui proponho é correto, o trauma imposto pela escravidão aos velhos sistemas de parentesco permitiu a emergência das formas de sexualidade que eles reprimiam. Estas formas, então, tradicionalizaram-se e foram descritas por muitos dos meus informantes como "um costume" entre o povo do culto. Mais do que a uma mudança aparente de comportamento, tento apontar para o que considero uma reformulação das categorias cognitivas relativas ao gênero e à sexualidade e, portanto, à concepção do Eu e da identidade entre os membros do culto xangô da tradição nagô do Recife. Fica ainda por analisar a maneira com que fatores como os que pretendi iluminar podem ter afetado estas mesmas categorias e os comportamentos que elas ordenam entre classes que não passaram pela experiência direta da sujeição no regime escravista, assim como avaliar a incidência desta experiência na visão de mundo e no comportamento desses outros setores da sociedade brasileira.

Não foram apenas os padrões tradicionais de casamento e sexualidade que parecem ter-se alterado com o colapso social causado pela escravidão, mas também a noção mesma de relacionamento "de sangue" ou substância biogenética. De fato, como foi dito, não só encontrei difundidos o costume da homossexualidade e uma atitude militante contra o matrimônio, mas também uma preferência explícita pelas relações de parentesco fictício, seja as de mãe ou pai de criação – filhos de criação, seja as constituídas pela família-de-santo. Os dados biológicos relacionados a sexo e nascimento são, consistentemente, relativizados pela ideologia, pelas normas e pelas práticas dos membros do culto. Os traços da personalidade individual, expressos através da atribuição de um santo, têm preeminência sobre atributos biológicos do sexo, assim como os parentes "de santo" têm preeminência sobre os "de sangue". Como vimos no começo deste trabalho, todas estas noções e valores estão representados nas descrições dos orixás contidas nos mitos.

É também no processo histórico da escravião que podem ser buscadas as raízes desta ênfase no parentesco fictício. Mintz e Price, numa tentativa conjunta de aplicar a análise antropológica ao passado afro-norte-americano, registram que os escravos

> *defrontados com a ausência de parentes verdadeiros (...) igualmente modelaram seus novos vínculos sociais sobre aqueles do parentesco, freqüentemente tomando emprestados os termos usados por seus amos para denominar seu relacionamento com pessoas da mesma idade e outras mais velhas – "bro", "uncle", "auntie", "gran" etc.* (Mintz e Price, 1976, p.35).

De fato, estas pessoas, tendo às vezes que suportar "imposições terríveis, e geralmente inevitáveis", bem como "o poder total" dos amos, necessitaram "gerar formas sociais que permitissem sua adaptação, ainda sob estas condições difíceis" (p. 35). Quem sabe, este mesmo tipo de formas de parentesco fictício, freqüentemente transitório, foi também o antecedente da família-de-santo no Brasil. Além disso, a separação de mãe e filhos, de acordo com os interesses do tráfico, ou a impossibilidade delas de criá-los devido ao duro regime de trabalho, doenças e morte prematura, pode ter originado o valor positivo atribuído ao parentesco de criação sobre o que eles descrevem como parentesco "legítimo", ou seja, biogenético. O mesmo fato de que as mulheres negras, muitas vezes, tiveram que servir como babás das crianças brancas, devotando muitos anos das suas vidas a estas, pode também ser uma resposta a esta preferência.

2. Mobilidade (ou transitividade) de gênero: a relativização do biológico no complexo simbólico do xangô

Como espero ter ficado claro nas seções precedentes, apesar de os laços de sangue serem considerados de importância secundária, de todo modo os termos de parentesco são usados e as relações familiares servem de modelo para a rede de relações chamadas família-de-santo. Da mesma maneira, as noções de masculino e feminino, tal como são definidas pela ideologia das instituições brasileiras, são também usadas, apesar de seu significado ser subvertido pela própria forma em que elas são aplicadas a indivíduos particulares para classificá-los. Por este último fator, o culto xangô proporciona um caso útil para testar se o "gênero enquanto esquema cognitivo" (Lipsitz Bem, 1979, p.1052) tem caráter histórico ou é imanente à natureza humana.

Archer e Lloyd, aplicando o modelo de Bateson, sustentam que "o potencial para classificar e atuar sobre a base de categorias, tais como a de macho e fêmea", é inato (Archer e Lloyd, 1982, pp. 211-212), embora o conteúdo associado a estas categorias dependa de influências ambientais externas. Em relação a essa questão, Lipsitz Bem toma a posição exatamente oposta, sugerindo que é a prática da heterossexualidade e a "onipresente insistência da sociedade na importância da dicotomia de gênero" que faz com que os indivíduos "organizem a informação, em geral, e seus conceitos de si mesmos, em particular, em termos de gênero" (Lipsitz Bem, 1981, p. 362). Lipsitz Bem argumenta daí, que, numa sociedade constituída por indivíduos andróginos – isto é, indivíduos "não-tipificados por sexo" que são "flexivelmente masculinos ou femininos segundo as circunstâncias" porque "incorporam o masculino e o feminino dentro de si mesmos" – , os conceitos de masculino e feminino tornar-se-ão ultrapassados juntamente com a "ênfase gratuita" no "processamento com base no esquema de gênero" (1981, pp. 362-363).

> *Em síntese, as condutas humanas e os atributos de personalidade deverão deixar de ter gênero e a sociedade deverá deixar de projetar gênero em situações que são irrelevantes para a genitália (...) Serão eliminados os artificiais imperativos do gênero sobre a*

> *singular combinação de temperamento e conduta própria de cada indivíduo* (1981, p. 363).

Como mostrei, o desestímulo da reprodução pela política escravocrata no Brasil, juntamente com uma série de fatores relacionados, parece ter liberado, pelo menos em alguns meios, as práticas sexuais de interesse funcional na heterossexualidade. Sugiro que, com isto, emergiu uma sociedade onde a opção pela heterossexualidade e a opção pela homossexualidade ficaram igualmente abertas à preferência individual, gerando-se uma nova maneira de operar com a oposição feminino-masculino. De fato, os membros do culto xangô podem ser considerados uma instância da "sociedade andrógina" postulada por Lipsitz Bem. Contudo, invalidando predição de Lipsitz Bem, o esquema cognitivo de gênero não desapareceu, mas foi, sim, efetivamente liberado da camisa-de-força das associações obrigatórias entre dados da natureza (representados no ritual), papéis sociais (desempenhados pela família-de-santo), personalidade (expressa no santo da pessoa) e sexualidade. Conseqüentemente, entre os membros do xangô, a identidade pessoal caracteriza-se por um certo grau do que se poderia denominar "mobilidade de gênero" (que Lipsitz Bem chama de androginia), o que significa que os indivíduos podem, em momentos diferentes e de acordo com a situação, invocar componentes diversos de gênero que formam parte de sua identidade e, assim, transitar da identificação com uma categoria de gênero a outra fluidamente. Resumindo, embora os membros do culto continuem usando este tipo de categoria, sua concepção da sexualidade pode ser descrita como "não-essencialista":

> *"essencialismo" (...) é a compreensão da sexualidade ou a prática sexual como "uma essência", uma parte da natureza humana ou "inerente" (...) Em outras palavras, o sexual é visto como tendo a ver com uma característica permanente baseada na constituição biológica da pessoa. É fixo e imutável.* (Ettorre, 1980, p. 26).

Uma postura de caráter não-essencialista permeia três conjuntos de noções da visão de mundo do xangô: 1) a negação do imperativo do fundamento natural (o que Schneider, 1977, denominou "substância física compartilhada", ou "aparentamento biológico", como base de relacionamentos caracterizados pela solidariedade mútua e organizados de acordo com o modelo da família; 2) a negação do fundamento "natural" das categorias de gênero, isto é, a decomposição do sistema sexo/gênero em suas partes constitutivas, que não são vistas como interdependentes; e 3) a negação do fundamento "natural" da relação materna, isto é, a decomposição da equivalência entre mãe progenitora e mãe de criação. Ainda mais, é na figura de Iansã, "a rainha dos espíritos", que o axioma não-essencialista do culto encontra sua expressão mais sintética: Iansã foi homem e se transformou em mulher, tem corpo de mulher e determinação masculina, rejeita a maternidade, e é um orixá de guerra e defensor da justiça.

Com sua relativização do biológico e seu peculiar tratamento da identidade de gênero, os membros do xangô postulam a independência da esfera da sexualidade, deixando transparecer a premissa implícita na fluidez e liberdade do desejo humano, só com dificuldade subordinável a categorias essenciais ou identidades rígidas. Tal premissa aproxima o pensamento do xangô ao pensamento ocidental contemporâneo que descobre o "nomadismo" do desejo e levanta suspeitas contra todo intento de "reterritorialização" do sexual, onde "a multiplicidade nômade dos relacionamentos circunstanciais" (Perlongher, 1986, p. 10) seja substituída por identidades de ordem social ou psicológica. É possível, então, que esta premissa fundamental da visão de mundo do xangô esteja no cerne do fato, tão repetidamente mencionado na literatura, da afinidade entre esse tipo de culto e a vivência homossexual.

Referências bibliográficas

ARCHER, John e LLOYD, Barbara. *Sex and Gender.* Londres: Penguin, 1982.

AUGRAS, Monique. *O duplo e a metamorfose. A identidade mítica em comunidades nagô.* Petrópolis: Vozes, 1983.

BASTIDE, Roger. *Imagens do Nordeste místico em branco e preto.* Rio de Janeiro: O Cruzeiro, 1945.

_____. "Psicanálise do Cafuné" *In: Sociologia do Folclore Brasileiro.* São Paulo: Anhambi, 1959.

_____. "Dusky Venus, Black Apollo" *In:* BAXTER, P., SANSOM, B. (org.). *Race and Social Difference.* Londres: Penguin, 1972.

_____. "Le Principe d'Individuation" *In: La Notion de Personne en Afrique Noire.* Colloques Internationaux du C.N.R.S. 544, pp. 3-43. Paris: Centre National de la Recherche Scientifique, 1973.

_____. "Introduction" *In:* BASTIDE, Roger (org.). *La Femme de Couleur en Amérique Latine.* Paris: Anthropos, 1974a.

_____. "Les Donnés Statistique: Brésil". *In:* BASTIDE, Roger (org.). *La Femme de Couleur en Amérique Latine.* Paris: Anthropos, 1974b.

_____. *O candomblé da Bahia.* São Paulo: Companhia Editora Nacional, 1978.

BINON-COSSARD, Giselle. "A Filha de Santo". *In:* MOURA, Carlos E. Marcondes de (org.). *Olóòrisà. Escritos sobre a religião dos orixás.* São Paulo: Agora, 1981.

CARVALHO, José Jorge. *Ritual and Music of the Sango Cults of Recife, Brazil.* The Queen's University of Belfast, 1984. (Tese de doutoramento).

CLARKE, Edith. *My Mother who Fathered Me.* Londres: George Allen & Unwin, 1957.

DEGLER, Carl. *Neither Black Nor White, Slavery and Race Relations in Brazil and the United States.* Nova Iorque: The Macmillan Company, 1971.

ETTORRE, Elizabeth M. *Lesbians, Women and Society.* Londres: Routledge and Kegan Paul, 1980.

EVANS-PRITCHARD, E.E. *Some Aspects of Marriage and The Family Among The Nuer.* Rhodes – Livingstone Papers, n° 11. London: Oxford University Press, 1945.

_____. *Kinship and Marriage Among The Nuer.* Londres: Oxford University Press, 1951.

FERNANDES, Florestan. *The Negro in Brazilian Society.* Nova Iorque: Columbia University, 1969.

FRAZIER, E. Franklin. "The Negro Family in Bahia, Brazil". *American Sociological Review* 7(4): 465-478, 1942.

_____. "Rejoinder" ao artigo de M. Herskovits: "The Negro in Bahia, Brazil". *American Sociological Review* 8(4): 402-404, 1943.

FREUD, Sigmund. *Three Contributions to the Theory of Sex.* Nova Iorque: Dulton, 1962.

FREYRE, Gilberto. *Casa Grande & Senzala. Formação da família brasileira sob o regime da economia patriarcal.* Rio de Janeiro: José Olympio, 1973.

FRY, Peter. "Mediunidade e Sexualidade". *Religião e Sociedade.* 1:105-125, 1977.

FRY, Peter, MACRAE, Edward. *O que é homossexualidade.* São Paulo: Abril/Brasiliense, 1985.

GIDDENS, Anthony. *Central Problems in Social Theory.* Londres: The Macmillan Press Ltd., 1979.

HERSKOVITS, Melville J. "The Negro in Bahia, Brazil: a problem of method". *American Sociological Review.* 8:394-402, 1943.

_____. *The New World Negro* (Frances Herskovits, org.). Bloomington: Indiana University Press, 1966.

HUTCHINSON, Bertram. "Colour, Social Status and Fertillity in Brazil". *América Latina.* 8(4): 3-25, 1965.

IANNI, Octavio. *Raças e classes sociais no Brasil.* Rio de Janeiro: Civilização Brasileira, 1972.

KING, Charles E. "The negro Maternal Family: a Product of an Economic and a Culture System". *Social Forces.* 24:100-104, 1945.

LANDES, Ruth. "A Cult Matriarchate and Male Homossexuality". *Journal of Abnormal and Social Psychology.* 25:386-397, 1940.

_____. "Negro Slavery and Female Status". *Journal of the Royal African Society.* 52:54-57, 1953.

_____. *A cidade das mulheres.* Rio de Janeiro: Civilização Brasileira, 1967.

LEACOCK, Seth, LEACOCK, Ruth. *Spirits of the Deep. A Study of an Afro-Brazilian Cult.* Nova Iorque: Doubleday Natural History Press, 1972.

LÉPINE, Claude. "Os Estereótipos da Personalidade no Candomblé Nagô". *In:* MOURA, Carlos E. de (org.). Olóòrisà. *Escritos sobre a religião dos orixás.* São Paulo: Ágora, 1981.

LEACH, Edmund. "Social Anthropology: A Natural Science of Society?" Radcliffe-Brown Lecture 1976 – *Proceedings of the British Academy.* v. LXII. Oxford: Oxford University Press, 1976.

LÉVI-STRAUSS, Claude. "The Family". *In:* SHAPIRO, H. (org.). *Man, Culture and Society.* Londres: Oxford University Press, 1971.

_____. *El Hombre Desnudo.* México: Siglo Veintiuno Editores, 1983.

LIPSITZ BEM, Sandra. "The Measurement of Psychological Androgyny". *Journal of Consulting and Clinical Psychology.* 42:155-162, 1974.

_____. "Sex Role Adaptabillity, One Consequence of Psychological Androgyny". *Journal of Personality and Social Psychology.* 31:634-643, 1975.

_____. "Theory and Measurement of Androgyny: a Reply to the Pedhazur-Tetenbaum and Locksley-Colten Critiques". *Journal of Personality and Social Psychology.* 37(6): 1047-1054, 1979.

_____. "Gender Schema Theory: a Cognitive Account of Sex Typing". *Psychological Review.* 889(4): 354, 1981.

MILLER, Jean Baker. *Towards a New Psychology of Women.* Londres: Penguin, 1979.

MINTZ, Sidney, PRICE, Richard. *An Anthropological Approach to the Afro-American Past: A Caribbean Perspective.* Filadélfia: Institute for the Study of Human Issues, Occasional Papers in Social Change, 1976.

MITCHELL, Juliet. *Psychoanalysis and Feminism.* Londres: Penguin Books, 1982.

MOTT, Luis. *Escravidão e homossexualidade.* Salvador, 1982a. (mimeo).

_____. *Os sodomitas no Brasil Colonial.* Salvador, 1982b (mimeo).

MOTTA, Roberto. "Proteína, Pensamento e Dança. Estratégias para Novas Investigações Antropológicas sobre o Xangô do Recife". PIMES: *Comunicação de Cultura e Economia da Universidade Federal de Pernambuco,* 16:13-29, 1977.

O'BRIEN, Denise. "Female Husbands in Southern Bantu Societies". *In*: SCHLEGEL, Alice (org.). *Sexual Stratification. A Cross-Cultural View.* Nova Iorque: Columbia University Press, 1977.

ORTNER, Sherry B., WHITEHEAD, Harriet. "Accounting for Sexual Meanings". *In*: ORTNER, Sherry B., WHITEHEAD, Harriet (org.). *Sexual Meanings. The Cultural Construction of Gender and Sexuality.* Cambridge University Press, 1981.

OTTERBEIN, Keith. "Caribbean Family Organization: a Comparative Analysis". *American Anthropologist.* 67:66-79, 1965.

PATTERSON, Orlando. *The Sociology of Slavery Analysis of the Origins, Development and Structure of Negro Slave Society in Jamaica.* Nova Iorque: Macgibbon and Kee, 1967.

PERLONGHER, Néstor. "O Michê é Homossexual? Ou: A Política da Identidade". Comunicação apresentada na XV Reunião da ABA, Curitiba, 1986.

RIBEIRO, René. "On the Amaziado Relationship and Other Problems of the Family in Recife (Brazil)". *American Sociological Review.* 10:44-51, 1945.

_____. "Personality and the Psychosexual Adjustment of Afro-Brazilian Cult Members". *Journal de la Societé des Américanistes.* LVIII: 109-119, 1969.

_____. "Psicopatologia e Pesquisa Antropológica". *Universitas.* 6-7:123-134, 1970.

_____. *Cultos Afro-Brasileiros do Recife.* Recife: IJNPS, 1978.

REVIÈRE, Peter. "Marriage: A Reassessment". *In*: NEEDHAM, Rodney (org.). *Rethinking Kinship and Marriage.* Londres: Tavistock Publications, 1971.

RUBIN, Gayle. "The Traffic in Women Notes on the Political Economy of Sex". *In*: REITER, Rayana (org.). *Toward an Anthropology of Women.* Nova Iorque: Monthly Review Press, 1975.

RUSSELL-WOOD, A.J.R. "Women and Society in Colonial Brazil". *Journal of Latin American Studies.* 9(1): 1-34, 1977.

SAUNDERS, J.V.D. *Differential Fertility in Brazil.* Gainesville: University of Florida Press, 1958.

SCHNEIDER, David. "Kinship, Nationality and Religion in American Culture: Toward a Definition of Kinship". *In*: DOLGIN, J., KEMNITZER, D. S., SCHNEIDER, D. (org.). *Symbolic Anthropology.* Nova Iorque: Columbia University Press, 1977.

SEGATO, Rita Laura. A *Folk Theory of Personality Types: Gods and their Symbolic Representation by Members of the Sango Cult in Recife, Brazil.* The Queen's University of Belfast, 1984. (Tese de Doutoramento)

SILVERSTEIN, Leni M. "Mãe de Todo Mundo: Modos de Sobrevivência nas Comunidades de Candomblé da Bahia". *Religião e Sociedade.* 4:143-171, 1979.

SMITH, M.G. "Some Aspects of Social Structure in the British Caribbean About 1829". *Social and Economic Studies.* 1(4): 55-79, 1953.

SMITH, Raymond. T. *The Family in British Guiana.* Londres: Routledge & Kegan Paul, 1956.

_____. "The Nuclear Family in Afro-American Kinship". *Journal of Comparative Family Studies.* 1:55-70, 1970.

SOEIRO, Susan A. "The Social and Economic Role of the Convent: Women and Nuns in Colonial Bahia, 1777-1800". *Hispanic American Historical Review* . 54:209-232, 1974.

STACK, Carol B. " Sex Roles and Survival Strategies in an Urban Black Community". *In*: ROSALDO, M. Zimbalist, LAMPHERE, Louise (org.). *Woman, Culture and Society.* Stanford: Stanford University Press, 1974.

TANNER, Nancy. "Matrifocality in Indonesia and Africa, and among Black Americans". *In*: ROSALDO, M. Zimbalist, LAMPHERE, Louise (org.). *Woman, Culture Society*. Stanford: Stanford University Press, 1974.

TREVISAN, João Silvério. *Devassos no paraíso*. São Paulo: Max Limonad, 1986.

VERGER, Pierre. *Orixás. Deuses Iorubás na África e no Novo Mundo*. Salvador: Corrupio, 1981.

WILLIAMS, Jennifer A. "Psychological Androgyny and Mental Health". *In*: HARTNETT, O., BODEN, G., FULLER, M. (org.). *Women, Sex Role Stereotyping*. Londres: Tavistock Publications, 1979.

WILLIAMS, John, BENNETT, Susan. "The Definition of Sex Stereotypes via the Adjetive Check List". *Sex Roles*. 1(4): 327-337, 1975.

O CÓDIGO DO CORPO:
Inscrições e Marcas dos Orixás*

*José Flávio Pessoa de BARROS***
*Maria Lina Leão TEIXEIRA****

De acordo com nossa visão, o candomblé pode ser definido como uma manifestação religiosa resultante da reelaboração das várias visões de mundo e de *ethos* provenientes das múltiplas etnias africanas que, a partir do século XVI, foram trazidas para o Brasil. É somente no século XVIII que esta designação vai ser encontrada aplicada aos grupos negros organizados e espacialmente localizados. Verger (1981), porém, indica as primeiras menções às religiões africanas no Brasil como as existentes nas anotações feitas pela Inquisição em 1680.

Os terreiros, roças ou casas-de-santo, denominações correntes utilizadas para nomear os espaços e grupos de culto aos deuses africanos – orixás, inquices e voduns – representam assim, historicamente, uma forma de resistência cultural e de coesão social (Nina Rodrigues, 1977). As formas de expressão da religiosidade africana, no caso brasileiro, podem ser consideradas fatores fundamentais para a formação de reagrupamentos institucionalizados de africanos e seus des-

---

* Este trabalho foi originalmente apresentado na Eight International Conference of the Southern Neuropsychiatric Institute: Folk Healing and Occult Practices of South America, RJ, janeiro de 1988.

** Antropólogo, professor adjunto da UERJ, doutor pela USP e pós-doutor pela Universidade de Paris V.

*** Doutora em Antropologia Social pela Faculdade de Filosofia, Letras e Ciências Humanas da USP. Professora aposentada da UFRJ e profª visitante com bolsa do CNPq, no Programa de Pós-graduação em Ciências Sociais da UFRN.

cendentes, escravos, foragidos e libertos. Ao lado de associações religiosas propriamente ditas, como terreiros e irmandades de igrejas católicas, desenvolveram-se durante a escravidão formas de resistência política – os quilombos – que geralmente estavam associadas a práticas religiosas africanas. Nesta perspectiva, a religiosidade originou e alicerçou formas específicas que particularizam e definem relações interpessoais, regras e valores que identificam os adeptos e as suas respectivas formas de expressão religiosa.

A religião também proporcionou a existência de uma linguagem peculiar que reúne termos e expressões em português e outros africanizados, cujos conteúdos simbólicos obedecem a uma lógica própria. No texto, as palavras de origem africana estão em itálico e as que figuram em língua portuguesa que representam terminologia empregada nos terreiros aparecem entre aspas, conforme grafia, sentido e pronúncia observados nas casas-de-santo, pelos participantes.

É importante notar que originalmente, na África, as divindades cultuadas estavam ligadas à família, cidade ou região, o que promovia a caracterização de cultos grupais e regionais, ou, mais raramente, de cultos de caráter nacional. No Brasil, devido à diáspora negra, os orixás, inquices e voduns assumem um outro caráter, sendo que "cada um deve assegurar pessoalmente as minuciosas exigências do orixá, tendo, porém, a possibilidade de encontrar num terreiro de candomblé um meio onde inserir-se e um pai ou mãe-de-santo competente capaz de guiá-lo e ajudá-lo a cumprir corretamente suas obrigações em relação ao seu orixá (...) Existem, em cada terreiro de candomblé, múltiplos orixás pessoais, símbolo do reagrupamento do que foi dispersado pelo tráfico" (Verger, 1981:33).

Portanto, de acordo com Geertz (1978, p. 103), compreendemos e definimos o candomblé como um complexo no qual se verifica um conjunto de significados transmitidos historicamente, reelaborados em novo contexto e que vão dar origem a formas simbólicas específicas, por meio das quais os adeptos transmitem e desenvolvem seu conhecimento e suas atitudes em relação à vida. Os terreiros de candomblé congregam negros, mulatos, brancos e estrangeiros que adotam e vivenciam esta perspectiva religiosa.

As comunidades de candomblé possuem características próprias referentes a sua organização social extremamente regrada e hierarquizada, bem como aos respectivos processos de aquisição e transmissão de conhecimentos. Tais padrões e maneiras de ser são passados e reafirmados, quase sempre, através da iniciação religiosa e da vivência constante num terreiro ou casa-de-santo.

Independentemente da configuração espacial e das autodenominações que se atribuem, os terreiros de candomblé congregam indivíduos que, mediante um processo de iniciação adequado a cada caso, são integrados à hierarquia sócio-religiosa e ficam ligados por laços de parentesco mítico. Deve-se ressaltar que os terreiros se diferenciam entre si através da nomenclatura baseada em diferenças rituais e do vocabulário africanizado que utilizam em suas cerimônias religiosas e atividades cotidianas.

Estes rótulos diferenciadores são as "nações", que aludem às possíveis ligações com partes do continente africano. Assim, encontram-se terreiros *ketu*, *angola*, *jeje*, *efam*, *ijerá* etc., e ainda alguns que somam estas classificações nomeando-se *jeje nagô*, *ketu-efam*, *angola-congo* etc., todos porém aludindo a "raízes" ou tradições africanas que consideram importantes para suas respectivas identificações.

É interessante notar além disso que os terreiros desenvolvem uma rede de relacionamentos sociais entre si, bem como com outros grupos de culto que fazem parte das chamadas religiões afro-brasileiras, mantendo, porém, bem demarcada a identidade de cada associação religiosa. A manutenção de um constante intercâmbio sócio-religioso faz com que se perceba uma comunidade mais ampla e complexa de "macumbeiros", isto é, daqueles que praticam e/ou acreditam em uma das formas de culto aos orixás, inquices e voduns, o que torna possível a formação de um conjunto que pode ser chamado genericamente de "povo-do-santo".

  A iniciação é condição básica para a inserção não só no povo-do-santo, mas para inserção numa família-de-santo. Costa Lima (1977), investigando grupos de candomblé na Bahia, relaciona o plano religioso e ritual com a organização social e a estratificação presentes nos terreiros. Aponta a família-de-santo, os laços adquiridos mediante o cumprimento do processo iniciático, como responsável pela rede de relacionamentos e pelos referenciais sociais, assim como pela inserção dos praticantes de determinado terreiro no conjunto do povo-do-santo e, conseqüentemente, pelo enquadramento social mais amplo. Estes laços de parentesco assumidos subentendem direitos e deveres, e talvez sejam os responsáveis principais pela minimização de diferenças sociais e de procedência étnica porventura existentes entre os membros de cada uma das casas-de-santo. É sempre bom relembrar que atualmente as comunidades de candomblé reúnem indivíduos de todas as cores, níveis socioeconômicos e até estrangeiros. A nosso ver, são esses laços de parentesco que permitem a convivência de pessoas de posições sociais e níveis de instrução diversificados. A iniciação faz com que os participantes de um grupo de culto se tratem como "irmãos", "tios", "sobrinhos", "filhos" etc. Isto quer dizer que partilham uma "família", opiniões e rituais; melhor dizendo, possuem bens simbólicos comuns.

  O relacionamento dos fiéis de cada uma das modalidades de culto aos orixás, inquices e voduns, e a sua inserção na sociedade abrangente se processam de tal maneira que demonstra não um processo dinâmico de intercâmbio de indivíduos e bens simbólicos, mas também uma constante troca de influências. Forma-se assim um mapa sociocultural de caráter amplo que é definido por essas relações e inter-relações e que compreende identidades sociais bem demarcadas. Essas identidades, por sua vez, subentendem e caracterizam maneiras de ser marcadas também pelos padrões da sociedade mais ampla, na qual são relevantes as relações de dominação-subordinação. Neste painel social, o item do binômio referido está diretamente associado aos membros do povo-do-santo.

Neste trabalho, iremos debruçar-nos sobre parte deste complexo campo sócio-religioso, tratando de aspectos que dizem respeito à questão da saúde e ao sistema de classificação das doenças.

Primeiramente pesquisamos grupos religiosos de Salvador, Bahia, e num segundo momento voltamos nosso interesse a grupos da cidade do Rio de Janeiro e da Baixada Fluminense, todos, porém, mantendo entre si uma unidade de universo simbólico e ritual, se autodenominando de candomblés *ketu* e assumindo, direta ou indiretamente, uma "origem" ou tradição afro-baiana.

Nossa questão central diz respeito à crescente proliferação dos terreiros de candomblé em ambas as cidades, bem como ao contingente maior de adeptos e de "clientes" que recorrem às práticas terapêuticas próprias das casas-de-santo.

Seguindo uma orientação metodológica que privilegia as representações do corpo e os procedimentos considerados legítimos para seu controle, objetivamos apreender a lógica interna dessa perspectiva religiosa no que concerne à saúde. Este foi o ponto de partida para, através das técnicas antropológicas usuais, percebermos um discurso específico aliado a estratégias para aquisição e conservação de bem-estar físico e social de uma parcela significativa da população urbana que nem sempre deseja e/ou dispõe de recursos para recorrer ao sistema oficial de saúde.

As representações da pessoa e do corpo

A construção social do indivíduo, da pessoa, no âmbito dos terreiros de candomblé é desenvolvida gradualmente a partir de, como já foi dito, um processo iniciático. A iniciação e a vivência num terreiro são responsáveis pela instauração lenta e paulatina de uma visão de mundo e uma maneira de ser peculiares (Maggie & Contins, 1980; Cossard-Binon, 1981) em um sistema de crenças que privilegia o corpo humano e a vida.

Portanto, crenças e sentimentos básicos na vida social dos terreiros estão associados e são remetidos ao corpo humano, constituindo-se um conjunto de representações que ultrapassam as características biológicas inerentes ao ser humano. Esta valorização ainda pode ser explicada por ser o corpo humano o veículo da comunicação com os deuses, forças da natureza, que, através da possessão ritual, incorporam em seus "cavalos" ou médiuns. A possessão é um dos aspectos mais estudados e discutidos do candomblé. Os trabalhos de Roger Bastide (1973), Juana Elbein dos Santos (1977), Pierre Verger (1981), René Ribeiro (1982), Monique Augras (1983), Patrícia Birman (1985) e Márcio Goldman (1987), entre outros autores, abordam este fenômeno social no candomblé sob diferentes enfoques metodológicos.

A nós interessa principalmente a iniciação como mecanismo social que subentende a internalização gradativa, no pensar e no agir dos iniciados, da dicotomia *aiê* e *orum* – mundo dos homens e mundo dos deuses, respectivamente. Esta distinção de domínios é de fundamental importância para marcar a especificidade da maneira de ser do participante do candomblé. A dicotomia aludida, no entanto, apresenta-se mediatizada pelo constante encontro dessas duas dimensões da existência, mundo sobrenatural e mundo físico ou concreto, no corpo dos iniciados habilitados a "receber", isto é, a serem possuídos pelos orixás.

A descida periódica dos orixás no corpo dos homens e mulheres, geralmente já iniciados, não importando se são idosos, jovens ou crianças, promove uma estreita ligação entre os habitantes do *orum* e do *aiê*. Se, por um lado, o corpo é veículo para as divindades, por outro ele é também fonte maior da expressão da individualidade humana, expressando a marca da vida social. Os autores estudaram e analisaram dois momentos rituais: a roda de santo e a roda de samba dos candomblés (Leão Teixeira, Santos & Barros, 1985), apontando para o papel relevante do corpo, podendo-se até dizer primordial, nas instâncias sagrada e profana dos terreiros.

A maneira de ser do adepto do candomblé exprime esta valoração dada pela perspectiva religiosa que se imprime no corpo, estipulando seus usos e marcando a estrutura somática individual, de forma que o psíquico, o físico e o coletivo possam formar um complexo que somente a abstração pode separar (Rodrigues, 1979, p. 47).

Pode-se dizer então que a possessão suprime periodicamente a distância entre estes dois mundos – o *aiê* e o *orum* – "fazendo com que os orixás encarnem nos homens e transmitam a estes alguma coisa de sua essência divina, ao mesmo tempo em que uma certa dose de humanidade lhes é insuflada pelos fiéis que concordam em recebê-los" (Goldman, 1987, p. 111).

Tais colocações nos permitem considerar que, neste contexto, doenças e doentes são categorias sociais explicadas de acordo com a visão de mundo do candomblé, variando, então, obviamente, tanto doenças como doentes. As causas de males e os diagnósticos subseqüentes apresentam-se indissociados da cosmologia e da concepção mágico-religiosa, refletindo o conjunto das relações sociais e os princípios básicos desse universo.

Percebemos que no correr da iniciação a noção de equilíbrio é identificada à de saúde. A valorização do equilíbrio e da ordem conduz à exigência de que todos os animais utilizados nos sacrifícios que acompanham os rituais iniciáticos sejam perfeitos e em conformidade com outros de sua espécie, evidenciando assim que tais noções são sinônimos de saúde, sendo esta considerada bem inestimável e própria da natureza. Na maioria dos casos observados, o processo iniciático desenvolveu-se justamente por motivos de doença, isto é, para a obtenção de um estado de saúde equilibrado que seja manifesto em bem-estar físico e social. Observamos ainda que um dos apelos mais fortes e constantes para a inserção e conseqüente cumprimento da iniciação parcial ou total são os problemas de saúde, interpretados e diagnosticados como manifestação ou "marca" de um dos orixás sobre alguém que é seu "filho". Isto significa que a doença é vista como um sinal de uma causa sobrenatural, ao que voltaremos mais adiante.

Acreditam os adeptos do candomblé que a saúde e o bem-estar só serão restabelecidos após o cumprimento de certas obrigações rituais que formalizem e, a partir daí, equilibrem a relação entre o indivíduo e seu orixá.

No candomblé, não encontramos o dualismo corpo e alma. Ao contrário, percebemos, como Lépine (1983, p. 29), que a "alma tem qualquer coisa de material e o corpo alguma coisa de espiritual", o que está de acordo com a idéia de que tudo que existe no *aiê*, mundo físico ou natural, também se encontra no *orum*, mundo sobrenatural, e vice-versa. Note-se ainda, como mostrado por Elbein dos Santos (1977, p. 56), que os habitantes do "Além", *dobles* espirituais dos humanos, são denominados *arca-orum* (corpos do *orum*); e os habitantes da Terra, a humanidade, são os *ara-aiê* (corpos da Terra).

A iniciação, cumprindo a formalização do contrato entre indivíduo e divindade, marca diacriticamente o ser social em formação, uma vez que a relação estabelecida é única e individualizada. Mesmo quando os adeptos apenas cumprem parcialmente a iniciação, ficam eles definidos por esta relação contratual e inseridos socialmente na comunidade religiosa.

Isto se refere às etapas preliminares da "lavagem de contas", o recebimento do colar sacralizado cujas contas são da cor insígnia do seu orixá, ou a rituais como o *bori*, cerimônia mais complexa destinada a reforçar a cabeça do iniciante, que supõe um período de recolhimento e descanso do corpo, e ainda ao "assentamento do santo", quando é construída ritualmente uma representação e são sacralizados objetos que representam o orixá associado ao fiel.

Entendemos que a construção social da pessoa no candomblé expressa, desta forma, tanto o processo de individuação como o de integração social. Evidentemente as relações sociais não são reproduções exatas do pensamento religioso, mas as articulações produzidas pelos padrões desse *ethos* geram a peculiaridade do sistema de relações sociais e do discurso (Montero, 1985).

O panteão das divindades presentes nos candomblés *Ketu* pesquisados compreende 16 orixás, referenciais básicos para a organização das relações sociais, uma vez que são os operadores classificatórios (Lévi-Strauss, 1970) e ordenadores de um sistema expresso nas atividades religiosas e cotidianas dos participantes dos terreiros. As pesquisas desenvolvidas por Claude Lépine (1978), Pierre Verger (1981), Cossard-Binon (1981) e Monique Augras (1983) examinam detalhadamente, sob diferentes enfoques metodológicos, as relações existentes entre os arquétipos dos orixás e a personalidade dos iniciados, com evidente preocupação de estabelecerem uma psicologia social própria do candomblé.

Cada um desses orixás é concebido como associado a um dos quatro elementos naturais: água, fogo, terra e ar. São concebidos ainda como masculinos, femininos e "metá-metá" – divindades ao mesmo tempo ou alternadamente masculinas e femininas. Cada divindade é relacionada intimamente a fenômenos meteorológicos, cores, formas, dias da semana, animais, minerais e espécies vegetais. Assim sendo, pode-se pensar cada orixá como um arquétipo que informa e fornece padrões de temperamento e comportamento.

De acordo com a idéia fundamental da existência de vínculos entre o indivíduo e as divindades, é primeiramente necessário a alguém saber a qual dos orixás "pertence", melhor dizendo "de quem é filho", ao mesmo tempo que conhece de quais outras divindades recebe influências secundárias. Isto é tomar conhecimento do que é chamado de "carrego de santo", característica de todo ser humano. Percebemos que neste caso está implícita a tentativa de construção de uma família através da reconstrução da família mítica, tentativa esta que talvez vise minorar a desagregação familiar inerente ao sistema escravocrata brasileiro.

Para tanto, é necessário consultar um especialista, pai ou mãe-de-santo, por meio do "jogo de búzios", sistema divinatório que se exprime por sinais que estão remetidos a histórias e mitos – os *Odu*. O veredicto do especialista não só revela tal questão como produz diagnósticos referentes a doenças e a outras aflições manifestas pelos clientes e adeptos, sobretudo aquelas que dizem respeito a problemas econômicos e sentimentais.

Uma vez conhecido o orixá principal e o tipo de iniciação e/ou tratamento pertinente a que o consulente deve se submeter, uma série de atividades rituais geralmente são prescritas e devem ser cumpridas. É claro que nem todos precisam chegar à etapa máxima da iniciação – a "feitura do santo" – que permite ao iniciante receber a sua divindade e ingressar na categoria sacerdotal. Os diferentes períodos de reclusão cumpridos e os rituais realizados, como já foi dito, é que vão marcar diferencialmente os graus de compromisso e, conseqüentemente, o *status* dentro do grupo.

O corpo, dentro desta perspectiva religiosa, se encontra diretamente relacionado a uma divindade e, por extensão, a um dos elementos naturais primordiais e demais coisas a ela associadas. É percebido, assim, como uma manifestação da ação sobrenatural. Conta-se que a sua criação se deve a um orixá primordial, uma qualidade de Oxalá chamada Ajalá, o fazedor de cabeças, que, aleatoriamente, combina diferentes elementos naturais no *orum*, na moldagem do *doble* do ser humano. Explica-se desta maneira não só a importância da cabeça – *Ori* – e o papel destacado que ela assume em qualquer dos rituais de iniciação, mas também a do orixá Oxalá, considerado "pai de todos". Uma vez produzido este *doble*, a vida lhe é insuflada pelo hálito divino – *emi* – de Orinxalá, outro título de Oxalá.

O orixá principal do indivíduo é definido a partir da predominância de determinado elemento a ele associado na composição de seu corpo. Ao elemento água estão associadas as divindades femininas – as "iabás" – Nanã, Iemanjá, Oxum, Euá e Obá; ao elemento ar, Oxalá (masculino) e Iansã (feminina); à terra, Ogum, Oxóssi, Obaluaiê, Iroko e Ossâim (masculino): ao fogo, Exu e Xangô (masculinos). Os orixás Oxumaré e Logunedé são considerados "metá-metá", estando, por sua essência dupla, associados tanto à terra como à água.

Apesar de o corpo humano ser pensado como um verdadeiro microcosmo, certas partes são vistas como fundamentais para o equilíbrio da totalidade.

A parte superior do corpo, a cabeça, está diretamente associada aos orixás, e "feitura da cabeça" ou "feitura do orixá" se direciona para a descoberta dos elementos que a compõem, e em busca de uma identidade própria. "Fazer o santo" ou "fazer a cabeça" pode significar para o iniciante a possibilidade de se descobrir enquanto pessoa e, ao mesmo tempo, estabelecer elos religiosos e sociais permanentes.

A frente do corpo, especialmente a fronte, se encontra associada ao futuro; a parte posterior, sobretudo a nuca, ao passado.

Os membros inferiores estão associados aos ancestrais, sendo que nos rituais de iniciação esta relação é reforçada e atualizada. O lado direito do corpo é considerado masculino; o esquerdo, feminino, dizendo respeito à ancestralidade masculina e feminina, respectivamente. Observamos que em vários rituais a sola dos pés deve permanecer em contato com o chão, visando ao estabelecimento da ligação com importantes poderes que emanam do elemento terra, também chamado de *aiê*. Já as mãos são consideradas como entrada e saída de forças provenientes dos orixás incorporados em seus "filhos". Desempenham desta forma papel importante na dramatização da vida social, pois gestos adequados são essenciais no cotidiano das relações sociais. Exemplificando, quando as palmas das mãos se encontram estendidas, voltadas para cima, frente ao corpo, em direção à autoridade, expressam uma atitude de submissão, de "pedir a bênção". Quando apenas a palma da mão direita é levantada, indica a bênção concedida por uma pessoa portadora de prestígio e autoridade.

Em sentido amplo, o toque das mãos sobre o corpo de alguém é ritualizado e exprime diferença de *status* no grupo e tempo de iniciação. Porém, por ocasião da presença dos orixás, isto é, quando se dá o fenômeno da possessão, é permitido e recomendado à pessoa "mais nova", de iniciação mais recente, tocar o corpo e até mesmo abraçar aqueles que são "mais velhos" ou mais antigos no terreiro, mas que se encontram incorporados pelos seus respectivos orixás.

Os órgãos sexuais são concebidos como fonte de prazer, extrapolando assim sua função utilitária de reprodução. Esta concepção viabiliza e legitima variadas expressões da sexualidade no âmbito do povo-do-santo, já que o modelo mítico comporta uma multiplicidade de papéis sexuais (Leão Teixeira, 1986). O órgão sexual masculino – *okani* – e o feminino – *iamapô* – são complementares tanto quanto os papéis sexuais e sociais a eles atribuídos. Isto quer dizer que as noções de masculino e feminino sofrem processo de reelaboração no nível simbólico que pode ou não corresponder às representações que delas faz, em geral, o mundo ocidental de tradição judaico-cristã. A valorização da sexualidade se encontra expressa no aspecto lúdico das atividades sexuais; "dar comida a iamapô" ou "dar de comer a okani" são expressões empregadas indiferentemente em relação a qualquer das identidades e papéis sexuais legitimados.

Um dos mitos contidos nos *Odu* conta as dificuldades e peripécias do orixá Exu para localizar os órgãos sexuais no corpo humano. Inicialmente Exu experimenta colocar o sexo nos pés, o que provocou o desconforto de tê-lo sempre empoeirado e sujo. Experimenta novamente colocando o sexo abaixo do nariz e também não fica satisfeito, pois os odores que dele exalam incomodam o orixá.

Na terceira tentativa, Exu coloca o sexo nas axilas, porém o suor constante impede-o de deixá-lo nesta posição. Finalmente, Exu descobre a localização ideal, ficando o sexo fixo entre as pernas, em local que o orixá considera preservado e confortável. Esta posição é considerada privilegiada, pois está a meio caminho entre os pés e a cabeça, em ponto visto como central, o que ressalta a relevância da sexualidade para esta visão de mundo. Vale lembrar que a Exu é atribuído um caráter fálico e de *trickster*, de propiciador das artimanhas que dão ensejo às relações sexuais, ao mesmo tempo que é percebido como o responsável por qualquer tipo de comunicação ou de mediação entre os seres humanos e entre estes e os orixás.

Assim, o corpo pode representar no candomblé um pólo ou centro de forças opostas que devem estar e ser unidas numa relação de equilíbrio complementar. Da mesma forma, a pessoa pode ser pensada como resultado do equilíbrio das diversas partes do corpo, bem como da coerência estabelecida entre o mundo natural e o sobrenatural. Pode-se até mesmo dizer que a pessoa humana nestes cultos é concebida à semelhança e imagem do seu ambiente sócio-religioso, e não apenas construída à imagem de seu Criador.

Os mitos e ritos dramatizados nos diferentes rituais criam possibilidades de reinterações em domínios diferenciados da existência daqueles que participam do culto aos orixás, em cujos corpos incidem inscrições ou "marcas" das divindades que delimitam identidades.

Axé e saúde

Para se ter uma noção mais completa do que é saúde para os adeptos do candomblé, há necessidade de se entender o significado de axé. Axé é um conceito que pode ser definido como força invisível, mágico-sagrada de toda divindade, de todo ser e de toda coisa (Maupoil, 1943, p. 334). Segundo Pierre Verger (1966), axé é força vital, energia, a grande força inerente a todas as coisas. E, ainda de acordo com Barros (1983, p. 59), axé é a força contida em todos os elementos naturais e seres, porém que necessita de certos rituais e da palavra falada para ser detonado ou dinamizado.

Este autor ainda nos aponta para o fato de que são as cantigas e os encantamentos os principais agilizadores do potencial vital dos seres humanos e dos vegetais. Estudando o sistema de classificação dos vegetais em grupos de candomblé *jeje-nagô*, mostra a importância não só da presença das plantas nas cerimônias religiosas, mas da sua relevância nos tratamentos de doenças nos terreiros. Presença obrigatória nos rituais religiosos, sobretudo nos de iniciação, certas espécies vegetais algumas vezes são identificadas como moradas de certas divindades, como o orixá Iroko, que habita a gameleira branca (*Ficus doliaria*, M., Moraceae). Além disso, vale a pena pensar na afirmativa corrente em quase todos os terreiros: *kosi ewe, kosi orixá*, isto é, "sem folhas, não há orixá", que demonstra ser fundamental a relação ser humano/vegetal. Pode-se ainda inferir que os vegetais utilizados servem de mediadores no estabelecimento das relações entre os homens e os deuses. Os rituais religiosos, especialmente os de "limpeza" ou purificação do corpo, sempre utilizam o líquido proveniente da maceração e infusão de folhas indicadas para cada ocasião e divindade. Este apresenta-se sob duas formas: a de *abô*, líquido preparado e guardado em grandes talhas de barro que reúne vários elementos vegetais, aos quais são adicionados outros materiais como o sangue de animais sacrificados, água lustral, minerais etc.; ou sob a forma de *amaci* ou *omieró*, literalmente "água de calma", que consta de água límpida e purificada misturada ao sumo de ervas maceradas frescas. Convém ressaltar que ambas as preparações são utilizadas para banhos e/ou para ingestão pelos adeptos.

Verger (1972, p. 6) aponta para a importância dos encantamentos, da palavra proferida no ambiente africano, para a ativação do poder das flores, folhas, sementes e cascas de vegetais destinadas ao preparo de remédios e feitiços. Estes encantamentos no Brasil foram substituídos em grande parte pelas "cantigas de folha" – cânticos que cumprem o papel de detonar a potencialidade da espécie que é louvada. Os versos de muitos desses cânticos enumeram concisa e rapidamente as qualidades supostas da espécie vegetal, ao mesmo tempo que a incitam a agir de acordo com as intenções pretendidas pelo oficiante e pelos adeptos e clientes. Também são feitas menções e analogias que as associam a cada uma das divindades, a seres humanos e a elementos naturais, explicitando-se assim um sistema classificatório próprio, de acordo com Barros (1983).

É necessário ainda ressaltar que, de acordo com os estudos de Silva (1981, p. 142), no século XIX, no Rio de Janeiro, estava presente uma medicina negra paralela à ciência médica dos brancos. Diz a autora que "em cada bairro da cidade existe um cirurgião africano, cujo consultório, bem conhecido, é instalado simplesmente à entrada de sua venda. Generoso consolador da humanidade negra, dá suas consultas de graça, mas, como os remédios recomendados contêm sempre algum preparado, fornece os medicamentos e cobra por eles. E finalmente, para cúmulo dos seus grandes conhecimentos, vende talismãs curativos, sob forma de amuletos".

Enfatizando este aspecto mágico, cabe ainda mencionar a colocação de Júlio Braga (1980, p. 71) sobre as práticas curativas em terreiros baianos: "esta terapêutica, ainda que possa possuir certas virtudes médicas já testadas pela farmacologia científica, como é o caso para um número considerável de plantas, o seu grau de poder curativo está diretamente ligado ao conteúdo mágico-religioso que se lhe empresta."

Desta forma, sendo o corpo humano e a pessoa vistos como veículo e detentores de axé, dá-se a necessidade de periodicamente serem cumpridos certos rituais que possibilitem a aquisição, intensificação e renovação desse princípio vital, responsável pelo equilíbrio ou saúde dos adeptos. Em sentido amplo, ter axé significa a harmonia da relação entre o *fí bon ange* (pequeno anjo bom) e o *gros bon ange* (grande anjo bom), elementos constitutivos do ser humano no vodum haitiano, responsáveis pelo equilíbrio da pessoa (Davis,1985). Estar equilibrado interna e externamente possibilita gozar da plenitude da vida, isto é, ter saúde e bem-estar social. A falta de axé é então característica da doença, sendo esta entendida seja como desordem físico-mental, seja como distúrbio manifesto em qualquer dos domínios da vida social.

As expressões "corpo fechado" e "corpo aberto" se referem a estados que, pensamos, podem ser compreendidos como estados limites e opostos. O primeiro diz respeito ao corpo ritualmente preparado e considerado imune, isto é, com todas as obrigações sócio-religiosas cumpridas e em dia, o que lhe acarreta idealmente saúde e equilíbrio. O segundo, "corpo aberto", se refere a um estado decorrente de uma poluição momentânea, ocasionada, por exemplo, pela menstruação ou pela cópula, ocasiões nas quais se verificam perdas de axé através da saída de sangue e de sêmen. Outras excreções corporais como lágrimas, saliva, fezes e urina, bem como aparas de unhas e fios de cabelos, são considerados também canais de saída de axé ou de sua perda, sendo por conseguinte objetos de cuidados especiais. Nos terreiros de candomblé acredita-se que estas substâncias podem ser utilizadas por um inimigo ou rival, ou ainda por alguém, a pedido, para manipulação mágico-religiosa. A utilização destes materiais visa justamente a atingir o axé, a enfraquecê-lo ou a "abrir o corpo" daquele que se descuidou com o destino de seus detritos corporais. Os "trabalhos", feitiços e "coisas-feitas" são práticas genericamente chamadas de macumba e que têm por objetivo a desagregação ou perturbação do equilíbrio de um rival ou inimigo.

O "corpo aberto", como observamos, pode ainda ser decorrência de transgressão ou deslizes das regras estabelecidas pelo pensamento sócio-religioso, como será visto adiante.

De acordo com o exposto, as doenças e a cura possuem um caráter essencialmente sobrenatural, justificado pelos fatores que são considerados como responsáveis pela sua instalação no corpo humano.

São eles:

1. Ação ou "marca" de um dos orixás sobre alguém escolhido para cumprir a iniciação parcial ou total.

A adesão a um dos grupos de candomblé parece-nos ser decorrência de motivações sociais, já que a relação de pertença a uma dessas comunidades proporciona compensações significativas em termos de amenizar o individualismo e a solidão, características marcantes do sistema social urbano brasileiro abrangente. A integração a um desses grupos de culto faz com que indivíduos se tornem pessoas em um contexto mais fechado, não deixando de ser um retorno à tribo, da mesma forma que o observado por Maffesoli (1987) na análise de certos grupos sociais contemporâneos.

As doenças e distúrbios psicossomáticos constituem a maioria das motivações individuais nos casos por nós observados para desenvolvimento do processo iniciático. O diagnóstico de pais e mães-de-santo considera, sobretudo, a ação sobrenatural como responsável pelos distúrbios manifestos. De acordo com as informações recebidas, os sintomas apresentados na ocasião da consulta e do início do processo iniciático desaparecem ou melhoram substancialmente durante o desenvolvimento gradual da iniciação e/ou das obrigações religiosas recomendadas. É bastante freqüente a referência, por parte de iniciados entrevistados, a tempos caracterizados como "antes" e "depois" da iniciação para explicação de mudanças benéficas em todos os domínios de suas respectivas vidas, especialmente no que se refere a bem-estar e saúde.

2. Ação ou "marca" de um dos orixás sobre um iniciado que tenha negligenciado suas obrigações religiosas e sociais.

A inserção em grupo de candomblé gera compromissos tanto no âmbito individual quanto social. O cumprimento das tarefas religiosas prescritas individualmente é acompanhado de deveres para com a comunidade onde se processa a iniciação. Desenvolve-se assim, paralelamente a um processo de auto-observação, a construção social do indivíduo que o marca e o diferencia enquanto pessoa cujo corpo é alvo de constante preocupação. Vale ainda lembrar mais uma vez que o corpo é considerado como centro de inscrições e símbolo do contrato sócio-religioso que se estabelece a partir da iniciação. A "marca" de um dos orixás concebida como a instalação de males físicos atesta este vínculo. Ao mesmo tempo, esta "marca", ou sinal, é indício ou pode apontar a transgressão de regras estabelecidas. Vale a pena enfatizar que a doença quase sempre é entendida como perda de axé individual, o que é percebido também como uma situação diretamente relacionada a perigo ou ameaça de abalo no axé coletivo do terreiro.

Negligenciar o cuidado com os "assentamentos" individuais pode significar ruptura, assim ocasionando o flagelo sob forma de doença. Tais ocorrências são entendidas como um modo de os orixás demonstrarem descontentamento para com aqueles que são relapsos.

Da mesma forma, a ausência às atividades litúrgicas públicas ou restritas dos terreiros é vista como uma possível quebra de laços, abalando assim a organização social, privando a comunidade não só de axé, mas de força de trabalho indispensável para o bom andamento e prestígio do grupo no âmbito do povo-do-santo mais amplo.

3. Quebra de regras, transgressões de tabus alimentares ou de interditos sexuais estipulados pelos laços de parentesco inerentes à família-de-santo.

Autores como Augras (1987), Cossard-Binon (1981) e Costa Lima (1977) têm estudado aspectos de tais fatores e apontam para a importância destes na construção da identidade social do recém-iniciado. Consideramos que o controle das infrações se refere à manutenção do equilíbrio instituído recentemente. As duas primeiras autoras referidas mostram a importância do estabelecimento desses interditos alimentares no processo de construção social do perfil do novo adepto no seio do grupo, enfatizando a concepção de que estas regras se constituem em auxiliares também para a preservação do axé comunitário. Desta forma se configuram tabus ou "quizilas" individuais, ao mesmo tempo que se encontram estabelecidos interditos coletivos que dizem respeito a toda a comunidade.

Percebemos, no entanto, que não se trata de preconceitos rígidos, mas de regras e valores que estão dirigidos para a reafirmação do poder sobrenatural, isto é, da ação dos orixás sobre os seres humanos.

Costa Lima (1977), ao estudar as regras formalizadas de "incesto" na família-de-santo, mostra a sua relativização através da justificativa "o santo permite se quiser, ou impede se quiser", ficando demonstrada a flexibilidade de um sistema que reafirma a imponderabilidade da ação divina.

Problemas físicos, psíquicos e sociais são vistos, portanto, como decorrência destas infrações, podendo ser resolvidos pela mediação do pai ou mãe-de-santo que, além de estipular as sanções de acordo com a gravidade do caso, prescrevem a realização de rituais de purificação e reintegração para aqueles que ameaçaram o equilíbrio individual e coletivo.

4. Contaminação pelo contato com os *eguns* – espíritos de mortos.

A doença também pode ser ocasionada pela fraqueza advinda de contato com a morte. Deve ser levada em consideração a distinção feita pelos adeptos entre *eguns*, espíritos de qualquer morto e *egunguns*, espíritos de ancestrais. Ambos os contatos, no entanto, são considerados perigosos e motivos de preocupação quando realizados proposital e inadvertidamente.

De acordo com a visão de mundo dos adeptos de uma forma religiosa na qual se observa uma rígida separação entre os domínios da vida e da morte, este contato com os *eguns* é extremamente poluidor. Os distúrbios e malefícios provocados pelos "espíritos" são denominados de "encosto", palavra que conota a desordem provocada pela junção de instâncias que devem ser mantidas separadas.

A ocorrência de uma morte na família consangüínea ou na família-de-santo é percebida como uma situação limite na qual estas duas instâncias opostas, vida e morte, são dramatizadas. É necessário afastar ou separar ritualmente a ambigüidade ou desordem decorrente de estados opostos ocasionalmente colocados lado a lado. Para tanto, rituais de purificação são realizados, nos quais se promove a separação desses dois domínios através da atualização da memória, revivendo-se as aversões e simpatias existentes entre o morto e aqueles que permanecem vivos. Desta maneira é que são cortados os laços e solucionados os conflitos inerentes a essas crises.

A contaminação pode se dar fora dos limites familiares, isto é, de forma mais ampla nas relações interpessoais. Da mesma forma que o "morto conhecido" traz ou evoca a possibilidade de recontar as histórias individuais ou pessoais, o "morto desconhecido" desencadeia poluição e perigos decorrentes da proximidade com a morte em hospitais e cemitérios.

O "encosto" é sinônimo de desordem, de distúrbio no equilíbrio físico e social do indivíduo. O afastamento da poluição é essencial para o restabelecimento de uma ordem (Douglas, 1976) que significa vida e saúde. Convém ressaltar que, para a família-de-santo, além do ritual geral de separação dos domínios vida e morte – *axexê* – de caráter amplo e social, verificamos a existência de outras formas rituais – os "sacudimentos" – que promovem tal separação ou "limpeza" do indivíduo e que serão abordados mais detalhadamente adiante.

Por outro lado, a poluição proveniente do contato com os *egunguns* requer oferendas – *ebós* – destinadas ao restabelecimento da ordem ameaçada pela junção de domínios que devem ser mantidos separados. Tais procedimentos citados visam, por conseguinte, à separação de instâncias opostas – vida e morte – cujos limites devem ser demarcados para o restabelecimento do bem-estar físico e social dos indivíduos e da comunidade da qual fazem parte.

5. Contaminação por elementos naturais.

A ação de vírus, micróbios etc. não é desconhecida, e é justificada através de dois estados substancialmente diferentes e já mencionados. O primeiro é o de "corpo aberto". Aquele que "perde axé" está fragilizado, podendo ser atingido por qualquer contaminação e ser penetrado por agentes infectocontagiosos. Suas resistências – seu axé – geralmente são restabelecidas por procedimentos ritualísticos que podem ser associados a qualquer das outras práticas médicas disponíveis. É que dentro desta visão de mundo, a doença, ao instalar-se no "corpo aberto", coloca-o em estado de impureza, que necessita ser afastada para o restabelecimento das condições ideais de morada eventual dos orixás e de contato com as divindades.

Numa religião que celebra a vida, fica fácil perceber que um corpo saudável é requisito essencial. Sendo a doença de origem sobrenatural, os procedimentos terapêuticos devem sempre começar por práticas que reassegurem o perfeito relacionamento entre o mundo físico ou natural – o corpo – e o mundo dos orixás, numa permanente troca ou intercâmbio de axé.

É conveniente ressaltar que a classificação de sintomas e doenças geralmente obedece às terminologias pertencentes à medicina popular e caseira, cujas práticas estão presentes no ambiente dos terreiros. Muito embora se verifique uma articulação entre saberes, qualquer sintoma ou agravamento deste no estado do paciente implica práticas nas quais o que prevalece é a perspectiva religiosa. Isto quer dizer que procedimentos rituais complementam e implementam a utilização de ervas sob a forma de chás, cozimentos, infusões, banhos e demais formas de remédios populares. Verificamos ainda que tais práticas complementam e "reforçam" tratamentos médicos, como cirurgias e demais procedimentos receitados por agências e agentes de saúde estranhos ao ambiente dos terreiros, que são concomitantemente utilizados pelos adeptos para tratamento de seus males.

Sistema classificatório de sintomas e doenças

Observamos que as representações de sintomas e doenças congregam um inter-relacionamento simbólico que associa e une as diferentes partes do corpo, os orixás e seus mitos e histórias, assim como os princípios da organização social.

O diagnóstico, na maioria das vezes, resulta da consulta oracular que decodifica os sintomas, identifica os fatores causadores de males e orienta os procedimentos subseqüentes para a recuperação de um estado de bem-estar físico e social. Pode-se perceber melhor a lógica do sistema classificatório quando se observa a relação estabelecida entre as partes do corpo e os orixás, e o complexo associado a cada divindade.

Consideramos então que fica conotado um sistema de classificação próprio, que tem como característica básica a existência de doença de caráter individual, de um lado, e, de outro, de doenças de caráter coletivo.

As primeiras são vistas como decorrências dos fatores mencionados nos itens 1, 2, 3, 4, isto é, são manifestações do indivíduo associadas à atuação de divindades individuais principais. A segunda categoria compreende as doenças epidêmicas como varíola, gripes etc., resultantes, principal mas exclusivamente, da ação genérica do orixá Obaluaiê, considerado "o dono da vida e da morte", pois é aquele que é visto como responsável pela causa e pela cura dos males que afligem os seres humanos. Desta forma, estão mais relacionadas ao fator 5, à ação de vírus, micróbios etc.

Os distúrbios que se apresentam sob forma de desordem física podem ser diagnosticados, em se tratando de indivíduos sem vínculo iniciático – "clientes" –, como apelos para o cumprimento, parcial ou total, da iniciação. Deve ser lembrado que, em se tratando de pessoas que recorrem usualmente à comunidade religiosa para resolução de seus problemas, o diagnóstico e os procedimentos recomendados evidenciam uma substancial diferença. Para um cliente eventual, para aqueles que não têm uma "história" no terreiro, usualmente é diagnosticada uma situação de "encosto" ou contaminação pela morte e recomendado um ritual de purificação ou "limpeza" – um "sacudimento". Se, no entanto, o "cliente" é conhecido e, além disso, já consultou várias outras agências médicas, este fato reforça o diagnóstico de apelo para iniciação.

É conveniente ressaltar que, em se tratando de um iniciado, a sintomatologia pode exprimir a "marca" ou sinal de sua divindade principal ou de uma que faça parte de seu "carrego de santo".

As doenças da pele são de responsabilidade de Obaluaiê, a quem também são atribuídas as doenças de caráter epidêmico, como varíola, catapora, rubéola, sarampo, coqueluche, caxumba, tuberculose etc. O vitiligo, porém, é atribuído a Oxumarê, assim como a erisipela é a Nanã, o que pode talvez ser explicado pelos laços de parentesco mítico entre essas três divindades. As alergias cutâneas e outras dermatoses como coceiras e manchas, muito comuns em grande parte da população brasileira, são importantes referenciais para a marcação da relação de pertença, sendo tratadas ritualmente com banhos de ervas e ofertas de pipocas, "as flores de Obaluaiê".

As doenças venéreas femininas, a falta ou o excesso de regras menstruais, abortos, infertilidade e os demais distúrbios incluídos na categoria "doenças da barriga" constituem apelo ou "marcas" de Iemanjá e Oxum, ligadas ao elemento água, à feminilidade e à maternidade. Ressalte-se que em quase todas as oferendas para Oxum verificamos a presença de ovos, símbolos da fertilidade, e que a esta orixá cabe o restabelecimento das "doenças de menino".

A impotência e a infertilidade masculina aparecem ligadas a Xangô e a Exu, divindades viris do elemento fogo, sendo geralmente prescritas "garrafadas", cujos componentes são creditados como possuidores de características afrodisíacas e regeneradoras.

Os distúrbios respiratórios e problemas de visão são atribuídos às divindades femininas Iansã e Oxum. Pensamos que tal relação tem origem no fato de Oxum ser considerada a padroeira da adivinhação – "jogo de búzios" –, sendo seus iniciados vistos como os melhores adivinhos ou "olhadores". Já Iansã, ligada ao elemento ar por ser a "dona dos ventos", imprime sua marca em "filhos" transgressores, sobretudo através de asma, falta de ar, enfisemas e outros males semelhantes.

Os distúrbios emocionais, "as doenças da cabeça" e as manifestações de loucura aparecem associados especialmente a Oxóssi (elemento terra), considerado o "dono de todas as cabeças", nos candomblés *Ketu*, podendo também ser atribuídos a Ossâim, "o dono das folhas" e, mais raramente, a Iansã, a quem também é associada a ninfomania. A categoria *kolori* engloba todas as manifestações de desequilíbrio mental e psíquico.

Os males do fígado e da vesícula, as úlceras estomacais e as enxaquecas são vistos também como sinais de Oxóssi, sendo algumas vezes percebidos como "marcas de seu filho Logunedé". A magreza constitui uma das características arquetípicas destes orixás, sendo o emagrecimento a eles atribuídos.

Já a obesidade se apresenta relacionada tanto às *iabás* Iemanjá e Oxum, como ao orixá masculino Xangô, todos associados, em suas respectivas histórias, ao acúmulo de riqueza material e à gulodice.

Os ferimentos e cortes produzidos por instrumentos e acidentes automobilísticos são associados a Ogum (elemento terra), patrono do ferro e do progresso tecnológico. As queimaduras, no entanto, são de responsabilidade de Xangô e Exu, divindades do elemento fogo.

As doenças do sistema circulatório e cardiovascular vimos que estão relacionadas aos orixás primordiais da criação

Oxalá, Nanã e Iemanjá. A esses deuses estão ainda associadas as inchações, as artrites e artroses. Os distúrbios e dores renais, assim como o reumatismo, são vistos como "males de velhos", sendo atribuídos a Oxalá e Nanã, percebendo-se aí uma relação com a senioridade destes orixás.

Doenças recentemente reconhecidas são também classificadas: a Aids é considerada um flagelo característico do orixá Ossâim, pensamos que devido à relação deste deus com a sexualidade de maneira geral e em especial com a homossexualidade.

Terapia e simbolismo

Como já foi notado por Roger Bastide (1950), em alguns dos mais famosos terreiros de candomblé da Bahia, mesmo quando pais ou mães-de-santo e outros iniciados portadores de *status* e conhecimento elevado nos grupos de culto receitam chás, infusões, ungüentos e banhos de ervas, a ação destes é referenciada por atitudes rituais e/ou por histórias míticas ou casos acontecidos com outros fiéis que apontam para analogias com as divindades, enfatizando desta forma sua eficácia e virtudes curativas.

Como também mostrado por um dos autores, Barros (1983), o mundos dos candomblés possui um sistema próprio de classificação das espécies vegetais consideradas fundamentais e essenciais para o bom andamento da vida dos participantes das casas-de-santo. O autor aponta ainda para o íntimo relacionamento destas espécies vegetais, assim como de qualquer outro elemento do mundo natural, com o panteão dos orixás. Isto significa que todas as plantas, ervas, arbustos e árvores são utilizados a partir de um sistema classificatório próprio que os diferencia, separa e ordena como elementos ligados a cada um dos 16 orixás cultuados em terreiros *Ketu*. Desta forma, as espécies vegetais são concebidas, por um lado, como elementos de ligação entre o humano e o divino e, por outro lado, como fonte de axé.

Nome Popular	Classificação	Nome nos terreiros	orixá
Jarrinha	*Aristolochia brasiliensis*, M. ARISTOLOCHIACEAE	Jokojé	Oxum
Maracujá	*Passiflora macrocarpa*, Roiz. PASSIFLORACEAE	–	Iansã
Melissa	*Melissa officinalis*, L., LABIATAE	–	Oxum
Boldo/Tapete de Oxalá	*Peltoodon tormentosa*, Pohl. LABIATAE	Ewê Babá	Oxalá
Assa-peixe	*Eupatorium altissimum*, L. COMPOSITAE	–	Oxum
Mamona	*Ricinus communis*, L. EUPHORBIACEAE	Ewê Iará	Ossâim
Aroeira branca	*Lithrea molleoides* Engl.et Vell., ANACARDIACEAE	Ajobi funfun	Xangô
Capeba	*Piper marginatum* Jacq., PIPERACEAE	Ewê Iyá	Iemanjá
Trombeta	*Datura fastuosa* L., SOLANACEAE	Esó Felejé	Iansã
Saião	*Kalanchoe brasiliensis* Camb., CRASSULACEAE	Odundun	Oxalá/Iemanjá
Alumã	*Vernona baihensis* Toledo. COMPOSITAE	Ewuró	Ogum
Sangolovo	*Costus spicatus* SW. ZINGIBERACEAE	Teteregun	Oxalá
Jurubeba	*Solanum paniculatum* L., SOLANACEAE	Igbá Ajá	Ossâim
Carqueja	*Borreria captata* Roiz et. Pav, RUBIACEAE	–	Oxóssi
Obí	*Cola acuminata* Schott & Endl STERCULIACEAE	Obí	Ossâim
Quitoco	*Pluchea quitoco* DC, COMPOSITAE	–	Obaluaiê

OBS.: A relação completa das 143 espécies vegetais utilizadas e respectivas classificações encontra-se em Barros, 1983.

Das 143 espécies vegetais arroladas e identificadas no herbário formado, quase todas as utilizadas pelos adeptos em cerimônias litúrgicas e em seus preparados medicinais pertencem também a uma medicina caseira e popular. Como exemplo, listamos 16 cuja ação farmacológica é reconhecida através de seu uso em remédios bastante conhecidos.

Por conseguinte, os procedimento terapêuticos estão inseridos em um todo complexo, no qual os rituais são essenciais para a reconstituição da totalidade individual fragmentada pela ocorrência de perda ou falta de axé. A manifestação de um mal físico, não importando qual seja ele, é vista como uma desorganização ameaçadora da ordem ou equilíbrio individual que pode ser estendida ao grupo social. Assim sendo, a doença manifesta e devidamente diagnosticada conduz à realização de uma seqüência ritual que, usualmente, compreende três momentos significativos.

1. Período de transição – "o descansar do corpo"

Qualquer pessoa, "cliente" ou participante, que chega ao terreiro, antes do início de qualquer atividade ou consulta, deve descansar. A observação de um ritual de separação da vida ordinária e cotidiana, de preparação para entrada em uma instância ou domínio extraordinário, é obrigatória. Nesta transição, o corpo supostamente deve "esfriar", isto é, deve despir-se de tensões e suores contaminadores e entrar em um ritmo adaptável às novas rotinas a serem vivenciadas. Em se tratando de um "cliente", este é um momento importante de familiarização com o ambiente. É necessário adaptar-se à imponderabilidade do tempo nos terreiros. Noções de hora marcada, pressa e precisão devem ser gradativamente abandonadas e deve ser assumida uma atitude de espera. Geralmente esse período não ultrapassa uma ou duas horas, constituindo-se numa etapa fundamental de reconhecimento mútuo, de relaxamento individual e de distanciamento do mundo externo. Este tempo é ocupado por conversas, mais ou menos descontraídas, nas quais observamos muita jocosidade e muito falatório a respeito do terreiro, tentando demonstrar a excelência e os méritos da comunidade para solucionar problemas.

2. Rituais de limpeza e purificação

Obedecem a uma gradação estabelecida pelo pai ou mãe-de-santo, responsável pelo jogo de búzios, que diagnosticou ou referendou o distúrbio, classificando sua gravidade e complexidade. De acordo com o caso, beberagens, defumações e banhos podem ser receitados independentemente, dentro ou fora do terreiro, porém sempre sob o acompanhamento de um especialista.

Nos casos de maior gravidade, observamos rigor no cumprimento de certas regras, sendo que os procedimentos envolviam várias pessoas do terreiro e obedeciam a um encadeamento ou seqüência ritual preestabelecida – "sacudimento". A sua realização é concebida pelo povo-de-santo como o meio eficaz de promover uma mudança de estado, isto é, retirar os males, a poluição ou sujeira através da purificação do corpo, afastando os possíveis elementos responsáveis pela instalação da desordem, propiciadores do "corpo aberto", assim controlando os distúrbios indicadores de doença ou desequilíbrio.

Este procedimento envolve geralmente espécies vegetais, animais e certos alimentos preparados ritualmente para serem passados no corpo inteiro do paciente, seguindo a direção da cabeça para os pés. Tais movimentos são acompanhados de cânticos evocativos que exortam à limpeza do corpo. Deve-se notar que esses cânticos são entoados em linguagem africanizada cujo sentido é implícito. Reconhecemos, entretanto, algumas palavras de origem iorubana como *ara*, "corpo", e *aiê*, "terra ou mundo", empregadas várias vezes numa seqüência lenta e repetitiva.

O paciente permanece imóvel, de pé, enquanto o oficiante à sua frente percorre seu corpo, passando-lhe cuidadosamente os diferentes ingredientes, obedecendo a uma ordem na qual a fronte e a frente do corpo são tratadas primeiramente, seguindo-se a nuca e a parte posterior do corpo.

Este procedimento exige um local apropriado, sendo este preferencialmente próximo a uma das entradas da casa-de-santo, considerado adequado para a saída dos males. Exige também uma ambientação prévia. O chão é cuidadosamente limpo e, ao lado de um pote de barro (quartinha) cheio de água, são acesas velas e colocados pratos onde estão arrumados separadamente os itens a serem utilizados. São estendidos, superpostos, retângulos de pano de algodão nas cores preta, vermelha e branca. Vale lembrar que essas cores, de acordo com Verger (1982, p. 8), simbolizam o pôr-do-sol, a noite e o dia, aspectos poéticos que expressam a seqüência e o simbolismo do cotidiano, ou, de acordo com Elbein dos Santos (1977: 41), são representações de todos os axés, da força propulsora inerente aos orixás e aos humanos.

O paciente deve permanecer sobre estes panos (1,20m x 0,90m, geralmente), que recolherão as sobras dos materiais utilizados considerados contaminados e que, no final do sacudimento, serão cuidadosamente embrulhados e depositados em local afastado do terreiro ("despachados"). Observamos que, da mesma forma que os panos, todos os itens empregados devem ter número ímpar. Unidades, pedaços ou punhados seguem o princípio da imparidade, ao qual é atribuído um caráter dinâmico, de propiciador de mudanças, ao contrário da paridade significativa de estabilidade.

Como em outros procedimentos rituais, Exu é o primeiro orixá a ser evocado. Seu alimento ritual preferido – farofas de água, de mel e de azeite-de-dendê – são os primeiros três itens a serem utilizados. Sua bebida ritual, a cachaça, é apresentada ao paciente, que não a bebe, mas pronuncia no gargalo da garrafa seus anseios e desejos. Após a passagem pelo corpo de uma ou mais espécies vegetais – geralmente ramos de aroeira (*Lithrea molleoides* Engll. et Vell., ANACARDIACEAE) e/ou de espada-de-são-jorge (*Sansevieria zeilanica* Willd., AGAVACEAE), ou ainda São Gonçalinho (*Cassiaria sylvestris* Sw., FLACOURTIACEAE) –, é passado no corpo do paciente um frango ou um pombo, que "de acordo com o caso" é ou não sacrificado, sendo depois colocado embaixo de seus pés. Outros itens como caixas de fósforos, velas, cigarros, charutos, carretéis de linha, ovos etc. podem ser incorporados ao ritual, seu número variando de acordo com a complexidade do caso, porém sempre sendo observada a imparidade.

Dois alimentos rituais obrigatórios merecem destaque por estarem associados aos orixás Oxalá e Obaluaiê, responsáveis respectivamente pela vida e pela saúde. A seqüência do sacudimento culmina com a passagem de pipocas – "flores de Obaluaiê" – e com o milho branco cozido – "ebô de Oxalá" –, ambos evocativos da pureza e equilíbrio por sua brancura. A presença recorrente das teobrominas associadas a Oxalá e Obaluaiê atesta a relevância da vida e da saúde na visão de mundo do candomblé. Conta-se que Oxalá foi capaz de afastar a morte de uma aldeia africana assustando-a; esta tarefa foi cumprida por ter o orixá pintalgado de branco uma galinha preta. Este ato divino instaura a possibilidade de combater a morte, ao mesmo tempo que cria um novo animal, a galinha-d'angola ou conquém, cujo canto, acreditam os adeptos, afasta as enfermidades. Já as pipocas – *doburú* – lembram o tempo mítico em que Obaluaiê, que em criança fora abandonado pela mãe, a orixá Nanã, está acometido por varíola. É recolhido e tratado com ungüentos por Iemanjá, "a mãe de todos os orixás", transformando-se em divindade de corpo saudável e temida. Esta transformação da doença em saúde, da feiúra em beleza é evocada pela pipoca, que remete a dois aspectos simbólicos opostos: a potencialidade curativa ou punitiva associada a este orixá, considerado tanto como o "médico dos pobres" quanto como o "terrível cujo nome não deve ser pronunciado". Notamos ainda que preferencialmente os iniciados "filhos" deste orixá são os escolhidos para oficiarem os rituais de sacudimento.

Complementando a seqüência desta fase, o paciente é conduzido a outro local onde deve ser banhado com *omieró* – "água de calma" – sendo que, de acordo com a circunstância, são utilizadas espécies vegetais classificadas como *gun* (excitantes), ou como *eró* (calmantes), ou ainda com uma combinação envolvendo equilibradamente partes de *gun/eró* (Barros, 1983).

Pode também ser utilizado o *abô*, líquido resultante da junção de maceração de vegetais, de sangue de animais sacrificados e de outros elementos colocados para fermentação em grandes potes de barro. Tanto um como o outro podem ser recomendados sob forma de beberagens, o que ocorre mais raramente.

O ato final desta etapa é a defumação proveniente da queima de essências aromáticas, vegetais e minerais, espalhando-se a fumaça pelo paciente e demais participantes do terreiro com a finalidade de purificar todo o ambiente.

Cabe ainda acrescentar que esta descrição etnográfica corresponde às nossas observações de campo, porém achamos necessário salientar que podem ocorrer modificações na seqüência ritual, o que, no entanto, não descaracteriza seus aspectos simbólicos fundamentais.

3. "Ebós de saúde"

Esta terceira etapa envolve a realização de oferendas propiciatórias e pode ser realizada no mesmo dia, com algumas horas de intervalo, ou em data próxima à realização do sacudimento.

Inicia-se obrigatoriamente com uma oferenda para Exu, geralmente o sacrifício de uma ave ou mais para este orixá. Trata-se de restabelecer a comunicação e o equilíbrio na relação ser humano/divindade, na relação dos seres humanos entre si ou ainda entre os seres humanos e seus antepassados. É essencial agradar o orixá considerado mensageiro e mediador, cuja atuação é essencial para contornar situações desagregadoras e potencialmente "doentes".

Pierre Verger cedeu-nos uma das histórias onde é explicado o relacionamento existente entre as oferendas e os remédios. Este relato aborda uma disputa pela senioridade travada entre os orixás Ossâim e Orumilá. No calor da competição foram até Ifá, o responsável pelo sistema divinatório, que lhes recomenda enterrar seus filhos por sete dias para ver quem é o mais resistente e poderoso. O pai do vencedor gozaria das regalias da senioridade e de prestígio. O filho de Ossâim era Remédio; o de Orumilá, Oferenda, ambos com características e poderes semelhantes aos dos pais. Orumilá conseguiu, através de Exu, enviar alimentos para Oferenda, cumprindo as indicações fornecidas por Ifá. Ossâim, porém, não fez o que lhe foi recomendado, ficando Remédio sem receber alimentos. Na situação em que se encontravam, Oferenda e Remédio entram em acordo, sendo o último alimentado por Oferenda. No sétimo dia, Ifá foi ver quem resistira, chamando-os. A resposta veio de Oferenda, sendo depois constatado que Remédio também estava vivo. Este longo relato mítico termina com a seguinte colocação: Oferenda é mais poderoso e confiável que Remédio...

Os "ebós de saúde" são geralmente constituídos de alimentos e temperos especiais de cada orixá, preparados cuidadosamente de acordo com as regras da culinária litúrgica, arrumados em pratos e travessas "com arte". Almejam captar o axé das divindades mediante a apresentação de uma oferenda (junto à representação do orixá no terreiro ou em locais associados ao elemento primordial da divindade: mar, mata, rio, montanha etc.) que restabeleça a "boa vontade" ou vínculo com os orixás envolvidos com o paciente. A saúde, condição inalienável do ser humano, é ao mesmo tempo um bem concedido pelos deuses, necessitando ou supondo dádivas constantes que atualizem e renovem a relação harmoniosa, a unidade – entre o *aiê* e o *orum* – entre o mundo dos homens e o mundo dos deuses.

Em suma, os procedimentos terapêuticos desenvolvidos no âmbito dos terreiros de candomblé revelam como a comunidade religiosa pensa e resolve a seu modo os problemas que lhe são trazidos.

A pessoa é vista como um ser social total, possuidora de um corpo identificado não a uma máquina cujos componentes estão avariados ou quebrados, mas como personagem de uma história, o que lhe confere unicidade dentro do drama social do qual participa. Não são figuras ou personagens anônimos, mas seres portadores de identidade. A inserção de indivíduos em uma comunidade de candomblé deve ser entendida como um fenômeno complexo no qual se insere uma mudança social significativa envolvendo a adoção de uma nova postura ideológica que, apesar de não rejeitar o modelo dominante de saúde, promove um novo padrão de significado.

Referências bibliográficas

AUGRAS, M. *O duplo e a metamorfose: a identidade mítica em comunidades nagô*. Petrópolis: Vozes, 1983.

_____. "Quizilas e preceitos – transgressão, reparação e organização dinâmica do mundo". *In:* MOURA, Carlos Eugênio M. (org.). *Candomblé: desvendando identidades*. São Paulo: EMW, 1987.

BRAGA, J. S. "Prática divinatória e exercício do poder: o Jogo de Búzios nos candomblés da Bahia". *Afro-Ásia*, Salvador, 13:67-84, 1980.

BARROS, J. F. P. *Ewé o Osanyin – sistema de classificação dos vegetais em Casas de Santo Jeje-Nagô de Salvador.* Universidade de São Paulo, 1983. (Tese de Doutoramento).

BASTIDE, R. Medicina nos candomblés. *Bol. Bibliográfico:* São Paulo, 16:7-34, 1950.

_____. *Estudos afro-brasileiros.* São Paulo: Perspectiva, 1973.

BIRMAN, P. "Identidade social e homossexualismo no candomblé". *Religião e Sociedade:* Rio de Janeiro, 12:2-21, 1985.

COSSARD-BINON, G. "A filha de santo". *In:* MOURA, Carlos Eugênio M. de (org.) *Olóòrisà.* São Paulo: Àgora, 1981.

COSTA LIMA, V. *A família-de-santo nos candomblés jeje-nagô de Bahia: um estudo de relações intragrupais.* Universidade Federal da Bahia, 1977. (Dissertação de Mestrado).

DAVIS, W. *The Serpent and the Rainbow.* Nova Iorque: Simon & Schuster, 1985.

DOUGLAS, M. *Purity and Danger.* Londres: Pellican Books, 1970.

_____. "Introduction". *In: Witchcraft Confessions and Accusations.* Londres: Tavistock Publ., 1970.

ELBEIN DOS SANTOS, J. *Os nagô e a morte.* Petrópolis: Vozes, 1977.

GEERTZ, C. *The Interpretation of Cultures.* Nova Iorque: Basic Books Inc., 1973.

GOLDMAN, M. "A construção ritual da pessoa: a possessão no candomblé". *In:* MOURA, Carlos Eugênio M. de (org.). *Candomblé: desvendando identidades.* São Paulo: EMW, 1987.

LEÃO TEIXEIRA, M. L. *Transas de um povo de santo: um estudo sobre identidades sexuais.* Universidade Federal do Rio de Janeiro, 1986.(Dissertação de Mestrado).

LEÃO TEIXEIRA, M. L., SANTOS, M. L., BARROS, J. F. P. *O rodar das rodas: dos orixás e dos homens.* Rio de Janeiro: INF/FUNARTE, 1985.

LÉPINE, C. *Contribuição ao estudo da classificação dos tipos psicológicos no candomblé Ketu de Salvador.* Universidade de São Paulo, 1978. (Tese de Doutoramento).

_____. *Représentations de la maladie dans le candomblé au Brésil.* Paris: Bull. Ethnomed, 25:21-49, 1983.

LÉVI-STRAUSS, C. *O pensamento selvagem.* São Paulo: Cia. Ed. Nacional/EDUSP, 1970.

MAFFESOLI, M., *Le temps des tribus, le déclin de individualisme dans les societés de masse.* Paris: Méridien Klimck, s.d.

MAGGIE, Y & CONTINS, M. "Gueto cultural ou a Umbanda como modo de vida". *In: O desafio da cidade.* Rio de Janeiro: Campus, 1980.

MAUPOIL, B. *La géomancie à l'ancienne Côte des Esclaves.* Paris: Trav. Mémories Institut d'Ethnologie XLII, 1943.

MONTERO, P. *Da doença à desordem: a magia na Umbanda.* Rio de Janeiro: Graal, 1985.

RIBEIRO, R. *Antropologia da religião e outros estudos.* Recife: Fundação Joaquim Nabuco, 1982.

RODRIGUES, J.C. *Tabu do corpo.* Rio de Janeiro: Achiamé, 1979.

RODRIGUES, R. N. *Os africanos no Brasil.* Rio de Janeiro: Cia. Editora Nacional, 1977.

SILVA, M.B.N. *Cultura no Brasil Colonial.* Petrópolis: Vozes, n° 6, 1981. (Col. História Brasileira).

VERGER, P. The Yoruba High God. *In: Odu.* 2:19-40, 1966.

_____. "Automatisme verbal et communication du savoir chez les Yoruba". *Homme.* XII, Paris, 1972.

_____. *Orixás.* Salvador: Corrupio, 1981.

_____. "Etnografia religiosa iorubá e probidade científica". Rio de Janeiro. *Religião e Sociedade.* 9:03-10, 1982.

OS ESTEREÓTIPOS DA PERSONALIDADE NO CANDOMBLÉ NAGÔ

Claude LÉPINE*

I

A expansão dos cultos afro-brasileiros constitui um fenômeno notável de nosso tempo, que recoloca a questão do inevitável desaparecimento das religiões, levantando interrogações, suscitando pesquisas. A denominação global de "cultos afro-brasileiros" abarca desde certas formas de espiritismo, a umbanda e seu reverso, a quimbanda, até as várias "nações" do candomblé, o xangô, o catimbó etc. Dentro deste vasto conjunto, o tradicional candomblé dito *jeje-nagô* da Bahia tem suas feições próprias, e seu desenvolvimento parece assumir características diversas daquelas que marcam a incrível proliferação, em particular, das tendas de umbanda.

Devemos frisar que candomblé não é folclore, nem é apenas religião ou ideologia, quer entendamos por ideologia uma visão globalizante do mundo, quer entendamos uma fantasmagoria, um conjunto de idéias falsas, que disfarçam a situação real de um grupo oprimido. Trata-se de sociedades, de comunidades com vida própria. Um terreiro de candomblé tem sua gente, seu pedaço de terra, suas técnicas tradicionais de trabalho, seu sistema de distribuição e de

---

* Claude Lépine é antropóloga, profª do Departamento de Antropologia da UNESP – Universidade do Estado de São Paulo, campus Marília.

consumo de bens, sua organização social, bem como seu mundo de representação. O terreiro insere os homens em novas relações, articulando-se, no entanto, ao nível da infra-estrutura, com a sociedade de classes, já que muitos de seus membros pertencem simultaneamente aos dois sistemas, e que parte dos rendimentos da comunidade provém do trabalho destes membros como elementos de uma classe inserida na sociedade capitalista.

Estas sociedades possuem um sistema global e coerente de explicação que integra todos os aspectos de sua experiência. Tudo é classificado de acordo com certos princípios lógicos, numa ou noutra de um reduzido número de categorias, entre as quais se repartem os orientes, os dias da semana, os elementos da natureza, os deuses, os vegetais, os animais e até os tipos humanos.

O presente artigo condensa alguns dos resultados de uma pesquisa que foi realizada em Salvador de 1973 a 1975, e atualizada em 1979, em dois terreiros representativos: o *Alakétu* (rua Luiz Anselmo, 65, Brotas) e o *Axé Opô Afonjá* (São Gonçalo do Retiro, Cabula), tendo focalizado precisamente o panteão dos orixás sob este aspecto de sistema de classificação.

Dia	awo	Ogum	jakuta	Obatalá
Deus	Ifá	Ogum	Xangô	Obatalá
Oriente	leste	norte	oeste	sul
Nação	Ketu	Oyó	Aja-Tado	Daomé
Cor	castanho	preto	vermelho	branco
Elemento	água, lama	terra	fogo	ar
Atividade	adivinhação	guerra/indústria	sexo	criação

Esboço do sistema de classificação africano *nagô*, segundo Maupoil (*La géomancie à l'ancienne Côte des Esclaves*)[1]

---

1. Paris, Institut d'Ethnologie, 1943.

Os orixás, com efeito, como bem o havia visto Bastide,[2] operam como categorias lógicas, que permitem ordenar os múltiplos aspectos da realidade num número restrito de compartimentos: seis, de acordo com nossas análises. De fato, todo santo está ligado a determinada cor, a determinados elementos ou forças primordiais, plantas, animais etc., a classificação englobando praticamente tudo. Mas a pesquisa interessou-se, em particular, pela classificação dos tipos humanos. Os deuses possuem cada qual seu temperamento que, de acordo com crenças populares, os seres humanos a eles consagrados herdam e reproduzem. Realmente desperta a curiosidade do pesquisador a constante referência aos orixás, na vida cotidiana, para classificar as pessoas, explicar o seu comportamento, determinar expectativas. O trabalho, pois, focalizou de preferência a sabedoria dos iniciados: esta religião vivida pelo povo baiano. Isto não significa, no entanto, que outros aspectos da classificação não sejam importantes e não possam igualmente ter servido de ponto de partida, nem que a visão de mundo do candomblé se reduza a este tipo de interpretação, pois ela comporta vários níveis de conhecimento e de expressão.

A convivência com o povo-de-santo logo revela dois fatos interessantes:

1. a grande importância de que se reveste este sistema de classificação dos tipos psicológicos ao nível da religião popular. O temperamento dos deuses fornece, com efeito, uma cômoda explicação do ritual, das obrigações e do *euó* de cada um. Por exemplo, não se pode oferecer a Oxalá animais pretos ou avermelhados, porque ele odeia estas cores e tudo o que não é branco. Tal sistema ainda permite classificar e julgar as pessoas de acordo com o que se sabe do seu santo, ex-

---

2. Bastide, Roger — *O candomblé da Bahia* (Nacional, 1961); *As religiões africanas no Brasil* (Pioneira, 1971); *Estudos afro-brasileiros* (Perspectiva 1973).

plicar e prever o seu comportamento; proporciona, enfim, aos fiéis, modelos da personalidade e padrões de comportamento condizentes com estes últimos.

2. o desenvolvimento dinâmico desta psicologia popular. Podemos supor que os estereótipos tradicionais da personalidade são bastante antigos, pelo menos no que diz respeito ao caráter dos orixás. Uma observação de Verger[3] sugere, por exemplo, que certas versões do mito de Xangô poderiam ter surgido na África para explicar a crueldade atribuída a este deus. Mas, de qualquer maneira, a pobreza dos dados africanos ou brasileiros antigos sobre o assunto e as declarações de certos velhos sacerdotes nos deixam pensar que esta psicologia representa um desenvolvimento recente do candomblé. Os estereótipos tradicionais deveriam ser bastante esquemáticos; mas foram sendo elaborados, enriquecidos, diversificados, e parece que temos aí um dos aspectos mais dinâmicos do candomblé, e onde mais se revela a imaginação popular.

O candomblé *jeje-nagô*, longe de estar desaparecendo, como haviam previsto alguns antropólogos da primeira metade do século, resiste ao tempo, conserva suas tradições e vem atraindo um número considerável de indivíduos, sobretudo brancos das classes média e média alta. Trata-se, predominantemente, de indivíduos masculinos que se podem dizer bem-sucedidos na vida: donos de indústrias, gerentes de bancos, arquitetos, advogados, professores, oficiais da Marinha e da Aeronáutica, que são incorporados ao culto geralmente na qualidade de *ogans*. Não devemos ver como mero esnobismo, pois os recém-convertidos demonstram um zelo religioso de fazer inveja aos próprios negros. Como explicar este fato curioso, de homens brancos, com formação cultural completamente diferente, aderirem a este sistema africano de pensamento?

---

3. Verger, Pierre. "Automatisme verbal et communication du savoir chez les Yorubá". *L'Homme*, V, XVII. Cahier 2, 1972.

O presente trabalho pretende dar uma idéia da concepção do homem, dos modelos da personalidade e da classificação lógica destes tipos no sistema *nagô* de pensamento, para mostrar, a seguir, que o crescimento do candomblé se explica parcialmente porque a sua "psicologia" atende aos anseios de certas categorias de cidadãos brancos.

II

De acordo com a concepção *nagô*, a pessoa humana consiste numa conjunção de elementos, o primeiro dos quais é o corpo, que os mitos nos descrevem como tendo sido moldado por deus no barro primordial. O segundo é o princípio da vida, o *emi*, sopro, respiração, que anima a matéria e cria a diferença entre um corpo vivo e um corpo morto; *emi* tem sido traduzido por espírito, ou alma. O terceiro, chamado *orí*, ou cabeça, é responsável pela consciência, pelos sentidos, pela inteligência. O *orí* é constituído por uma parcela de uma substância ancestral que varia segundo os indivíduos. Estas substâncias são simbolizadas por grupos de *orixás*, tais como *Nanã*, *Iemanjá*, *Oxum* no caso da água, por exemplo. Na verdade, estas substâncias devem ser entendidas num sentido espiritual e a cabeça ou *orí* que *Oxalá* atribui a cada novo ser que nasce é uma fração do espírito dos antepassados. O quarto elemento é manifestação individual do princípio de expansão da matéria, personificado por *Exu*, que retirou da matéria e das substâncias ancestrais as frações que constituem o indivíduo. Este elemento, o *bara*, é responsável pelo equilíbrio fisiológico, pela conservação e pela reprodução da vida. Liga-se à boca, ao estômago, ao sexo, à comunicação e à fala. O último elemento que a pessoa adquire e sem o qual ela não chega a completar-se realmente é o *orixá* individual, manifestação singular de uma das divindades do panteão. Possui as características e os atributos gerais desta divindade, mas distingue-se por símbolos próprios, funções específicas, traços psicológicos individuais.

Os elementos da pessoa são duplos: a cada um deles corresponde no mundo sobrenatural, o *orum*, um duplo que é fixado em nosso mundo, o *aiê*, num objeto material. Graças a este assentamento, podemos entrar em contato com a parte sobrenatural do nosso ser, fortificá-la através de oferendas que nos serão retribuídas na forma de saúde, vigor, prosperidade. O mundo sobrenatural é pensado como uma espécie de mundo paralelo, complementar, que mantém com o nosso constantes trocas de matéria e de força, nas quais convém preservar o equilíbrio, restituindo por meio de oferendas a substância que recebemos do *orum*. *Orum* e *aiê* nutrem-se um do outro.

Antes de dar uma idéia do que são os modelos da personalidade que o panteão do candomblé nos oferece, devemos explicar que os *orixás* são entidades que governam o mundo em nome de Deus, atuando em vários níveis da realidade. No nível cosmológico, os *orixás* representam elementos da natureza, ou poderes primordiais: o ar, a água, o fogo, a terra, a natureza, a civilização. Estão associados a funções sociais ou naturais, tais como ofícios mecânicos, caça, justiça, guerra, maternidade... e geralmente identificados com antepassados míticos. Representam finalmente estereótipos da personalidade, possuem um temperamento próprio, que seus devotos reproduzem, e constituem um dos elementos da pessoa humana.

São conhecidos aproximadamente uns 16 *orixás* principais: os chamados "orixás gerais". Estas divindades distinguem-se umas das outras, no ritual, por ornamentos, colares, "ferramentas", cores, alimentos, ritmos, cânticos, isto é, por um conjunto de atributos e de características que aparecem como a expressão do seu temperamento.

Uma análise comparativa do caráter dos *orixás* revela que há certas características comuns a vários deles, permitindo reagrupá-los em classes. Estas classes correspondem aos quatro elementos tradicionais da natureza: ar, água, terra, fogo, aos quais, contudo, faz-se necessário acrescentar mais duas categorias, que podemos qualificar respectivamente de natureza, representada pela vegetação, e os animais selvagens, personificados por *Ossâim* e *Oxóssi,* e de cultura, representada pelo ferro e *Ogum.*

Estas seis classes, por sua vez, podem ser reagrupadas em três grandes divisões: a das divindades frias, *funfun,* da criação; a das divindades dinâmicas, quentes, constituída pelos *orixás* filhos de *Oxalá;* e a terceira categoria, ambígua e intermediária, é a das divindades femininas-mães, que pertencem ao mesmo tempo ao branco e à cor.

Enfim, cada *orixá* se apresenta sob diversas formas, ou "qualidades", que se diferenciam umas das outras por funções específicas, por sua associação com um aspecto particular do elemento que o *orixá* personifica, por seu sexo, sua idade, relações míticas de parentesco com outros membros do panteão, características morfológicas e psicológicas, atributos e símbolos próprios, além daquelas comuns a todo o grupo de "qualidades" do mesmo *orixá*. Assim é que dentre as "qualidades" de *Oxalá*, encontramos, por exemplo, *Oxaguiã*, jovem guerreiro do sexo masculino, valente e generoso, associado à fertilidade e ao culto de vegetação; *Odudua*, do sexo feminino, velha, invejosa, tagarela e autoritária, representando a fecundidade e a maternidade; *Oxalufã*, do sexo masculino, velho, impotente e cansado, ligado à criação.

O santo de cabeça ligado pelo ritual da iniciação à pessoa do devoto é uma manifestação individual e única de uma desta "qualidades" do "*orixá* geral".

Este *orixá* é um antepassado sobrenatural; é o *eledá*, o criador da pessoa que herda de modo geral o seu temperamento. Chamam-no de "meu pai", *baba mi*, ou de "minha mãe", *iyá mi*, "Ô meu pai *Ogum*, venha me valer", dirá um filho de *Ogum* em apuros. Nas famílias africanas e entre seus descendentes na Bahia, o *orixá* passa de pai para filho. Mas a pessoa pode herdar também, em Salvador, o santo de outros parentes, tais como uma avó, ou de uma madrinha... Além disso, seu signo, o *odu*, que contém seu destino, vai ligá-la a outras divindades associadas por suas funções ao santo de cabeça. Vemos, portanto, que as influências que constituem a personalidede são complexas. Mas, sem dúvida alguma, a do santo de cabeça é determinante.

Da análise dos estereótipos da personalidade surge uma concepção da pessoa humana, que combina quatro aspectos principais. Encontramos em primeiro lugar os traços que dizem respeito ao corpo: aparência física, tipo morfológico, saúde, defeitos de nascença que permitem identificar o dono da cabeça. Vigor, agilidade, beleza são atributos altamente valorizados. Em segundo lugar, podemos citar as características que se referem à sexualidade: potência, fecundidade, ou, pelo contrário, impotência, frieza. A seguir, encontramos aqueles dados que delineiam o perfil psicológico propriamente dito do sujeito: vaidade, segurança, generosidade, egoísmo, falsidade, indolência, impulsividade etc. Finalmente, todos os estereótipos da personalidade incluem uma forma de comportamento social que se define pelo grau de agressividade.

III

Ao ar, concebido como elemento frio, associado à criação e à paz, corresponde o grupo constituído por todos os *Oxalás* velhos. Os filhos destas entidades são de constituição frágil, sendo freqüentemente marcados por algum defeito de nascença. Aleijados, mancos, corcundas, por exemplo, são-lhes consagrados. O tipo *Oxalá* é delicado, friorento, qualquer excesso podendo desregular-lhe a saúde. Sua vida sexual é caracterizada pela moderação, pela castidade, quando não pela frieza ou impotência. O tipo *Oxalá* vive afastado do mundo dos instintos carnais e das paixões. Seu traço psicológico mais notável é sua inabalável tranqüilidade, a lentidão de suas reações emocionais, o autocontrole. Odeia barulho, desordem, confusão, brigas, sujeira. Possui grande força moral, uma segurança tranqüila fundada na consciência de sua inteligência e do seu valor. Irrepreensível, inflexível, tem sede de perfeição moral e de sabedoria. Tem gostos simples e modestos. É lento, porém obstinado, perseverante; íntegro, é incapaz de uma mentira, de uma traição. É generoso, tolerante, paternal, hospitaleiro. É observador e, embora quieto, percebe tudo e não esquece nada. Quando conseguem ofendê-lo, não perdoa nunca. Mas é absolutamente desprovido de agressividade, algumas "qualidades" sendo até indolentes, apáticas, indiferentes a tudo.

À água dos rios e dos mares correspondem todas as *Iemanjás*, todas as *Oxuns*, *Euás*, algumas qualidades de *Nanãs*, de *Iansãs*, *Obás*. Estas divindades relacionam-se com a fecundidade e a riqueza, a feminilidade e a maternidade. Distinguem-se, globalmente, pelo charme, pela sensibilidade, pela emotividade, pela ausência de agressividade. Mas, fora disto, cada uma delas se destaca por traços peculiares.

A mulher do tipo *Iemanjá* costuma ser alta e robusta, de ossatura grande, ancas largas, seios generosos. É calma, séria, cheia de dignidade. Sensual, fascinante, ela cuida com muita vaidade da sua aparência. É esposa e mãe fiel, eficiente, enérgica, mas ciumenta e possessiva. As filhas de *Iemanjá*, aliás, são muito mais mães do que esposas, mostrando-se bastante independentes em relação aos homens, maridos, amantes, ou pais. Entretanto, os seus sentimentos maternais exprimem-se antes no zelo e no amor com que se dedicam à educação de crianças que podem até não ser delas, do que dando à luz numerosos rebentos. Elas são fechadas, tranqüilas, doces, pacientes, prestativas; porém, às vezes, enfurecem-se de modo imprevisível. Algumas, mais combativas, são bem-sucedidas nos negócios.

O tipo *Oxum* é menos robusto e menos imponente e não tem a vigorosa saúde das filhas de *Iemanjá*. As filhas de *Oxum*, delicadas, graciosas, costumam ser muito bonitas. São de todo meiguice, de todo sedução; sua voz suave, seus olhos brilhantes, seu sorriso alegre num rostinho inocente e seu perfume viram a cabeça dos homens. São mulheres sensuais, voluptuosas; mas extremamente emotivas, são instáveis, inconstantes, podendo ser infiéis, levianas, fúteis. Algumas são ingênuas, crédulas, infantis; outras, preguiçosas, moles, indecisas. Uma filha de *Oxum* tem geralmente um caráter muito mais fraco que uma filha de *Iemanjá* e é mais dependente. Nunca se zanga, nunca briga com ninguém e não sabe recusar nada. Adora bebês e criancinhas pequenas. Muitas são ambiciosas, apreciam o luxo, o conforto, a riqueza; sabendo-se atraentes, julgam que o caminho para vencer na vida consiste em usar seus encantos para conseguir o que querem; são astutas, intrigantes, hipócritas, mentirosas, interesseiras.

Euá é casta, apagada e devota; tímida, tem medo dos homens. A terra, quente, seca, dura é representada principalmente por *Nanã* e *Obaluaiê*, que se distinguem pela aparência pesada e desgraciosa, pelo fracasso na sexualidade e no amor, pela falta de habilidade no trato social e pela agressividade.

Nanã personifica um tipo de mulher sem idade definida, sem beleza, sem vaidade. Apesar das aparências, tem extraordinária resistência física. Não gosta de homens e é praticamente assexuada. Possui uma capacidade de trabalho e uma eficiência fora do comum; tem hábitos austeros e não tolera preguiça, falta de educação, desordem, desperdício. É previdente, organizada e tem rigorosos princípios morais. As filhas de *Nanã* são zeladoras dos bons costumes, e não perdoam mentiras, traições, desonestidades. Mas são intolerantes, ranzinzas, rabugentas, queixando-se continuamente de tudo e de todos. Podem também ser boas, sábias e carinhosas.

O tipo *Omolu* ou *Obaluaiê* é atarracado, pesado, taurino; e freqüentemente uma pessoa que leva as marcas de alguma doença, e um indivíduo rústico, desajeitado. Não sabe comportar-se em sociedade; falta-lhe tato, diplomacia, bom gosto. Reprimido, frustrado, torna-se amargo e vingativo. Ambicioso e combativo, ele luta com obstinação. Falta-lhe espontaneidade; é um tipo lento, que amadurece durante muito tempo os seus projetos; mas, firme como a rocha, manifesta na ação tremenda perseverança. Gosta de situações estáveis e não aceita facilmente mudanças; é um indivíduo conservador, ao qual faltam agilidade e capacidade de adaptação. Mas o que ele perde em flexibilidade, ganha em profundidade. É realista, objetivo, lógico. Alguns são resignados, humildes, optam por uma vida de renúncia, pobreza e mortificação. Este tipo não sabe lidar com as mulheres e não tem muito sucesso com elas; tornam-se misóginos ou solteirões. Não gostam de crianças, e as mulheres não costumam ser boas mães. No trabalho, o tipo *Omolu* é exigente, meticuloso e tem grande senso de suas responsabilidades. Seu relacionamento social é difícil; é agressivo e até cruel e perigoso.

Oxumaré também pertence ao panteão da terra, embora represente, mais precisamente, a força que move os astros. Seus filhos destacam-se pela beleza aristocrática; são indivíduos nervosos, originais, geralmente cheios de cacoetes e que se tornam precocemente enrugados. O tipo *Oxumaré* é inteligente, dinâmico, curioso, observador, indiscreto, irônico e maledicente. Elegante e altivo, eloqüente, um pouco exibicionista e esnobe, ele atrai, seduz, fascina. É um sujeito esperto, geralmente bem-sucedido e que sabe ser generoso. Tem muito gosto e aprecia as artes. Sendo *Oxumaré* uma divindade bissexual, acreditam alguns que seus filhos são homossexuais, o que não é verdade.

Citemos ainda *Odudua* que, embora sendo considerado como uma "qualidade" de *Oxalá*, está ligada à terra; *Odudua* representa um tipo de mulher invejosa, dominadora, tagarela, ninfomaníaca e hipócrita.

Ao elemento fogo correspondem essencialmente *Iansã* e *Xangô*, que se caracterizam pelo tipo físico vigoroso, nervoso, dinâmico, pela intensa sexualidade, pelo temperamento impulsivo, pela agressividade e pelo caráter autoritário.

O tipo *Xangô* é robusto, pesado, imponente e nobre. Tem, entretanto, certa tendência para a obesidade, quando abusa dos prazeres da mesa. É um indivíduo sensual, amigo dos bons vinhos, da cerveja, da boa mesa e também um eterno apaixonado, um incorrigível conquistador, um libertino e um marido infiel, embora ciumento e vingativo. É orgulhoso, prepotente, teimoso; não ouve conselhos de ninguém e não admite jamais ter-se enganado. É caprichoso, impulsivo, imprevisível, mais instintivo que racional. É freqüentemente muito apegado à mãe. Os filhos de *Xangô* costumam ter qualidades de liderança; são atrevidos, valentes, agressivos e mesmo cruéis. Dizem que temem a morte não por covardia, mas por amarem demais a vida; entretanto, alguns têm certa propensão para o suicídio. Uns são militares; outros, líderes políticos, ou ainda patriarcas severos; outros, ainda, intelectuais, filósofos.

As filhas de *Iansã* são dotadas de inesgotável energia, mulheres dinâmicas, nervosas, irrequietas. São também mulheres de intensa vida sexual, provocantes, que conquistam e dominam os homens. Excêntricas, atrevidas, fazem-se notar, usando cores vibrantes, roupas ousadas, jóias vistosas. As filhas de *Iansã* são extremamente ciumentas e não toleram ser enganadas. Quando ofendidas, ou quando descobrem que têm rival, não hesitam em armar tremendos escândalos e pouco ligam pelo que delas possam dizer. São mulheres orgulhosas e teimosas, rebeldes e impertinentes, impacientes, coléricas, cruéis, sempre dispostas a brigar. Não gostam de crianças nem de afazeres domésticos; quando apaixonadas, são extremamente dedicadas ao seu homem. Mas, de modo geral, são ingratas e egoístas.

Mencionaremos ainda *Exu*, que por alguns de seus aspectos relaciona-se com o fogo. O tipo *Exu* é robusto e incansável, cheio de contradições. É um grande amigo dos prazeres da vida; adora comer, beber, dançar, rir, fazer amor; é um sujeito animado, alegre, brincalhão, inteligente, vivo. Mas, principalmente quando bebe, adora divertir-se à custa dos outros, contando mentiras ou obscenidades; torna-se briguento, insolente, desordeiro, indesejável. É mal-educado, sujo, não paga suas dívidas, cínico, manhoso e amoral. Entretanto, também é dado a fiscalizar a vida dos outros, que ele pretende manter no caminho certo da moral e dos bons costumes. Sendo venal, e tendo em vista o que irá ganhar, é capaz de realizar com sucesso qualquer tarefa, por mais difícil que seja; mas, se não lhe interessar, é capaz de fazer tudo errado de propósito. Nunca desanima, nem fica preocupado, seja lá com o que for; é prestativo, um excelente amigo que resolve encrencas, brigas, problemas amorosos ou financeiros com extrema habilidade e costuma por estas razões ser muito querido e popular. Basta acrescentar que é um mulherengo contumaz e um amante fantástico.

À natureza selvagem correspondem as várias "qualidades" de *Oxóssi* e de *Ossâim*, assim como, também, o aspecto masculino de *Logunedé* e, numa certa média, *Oxaguiã*. Estas divindades distinguem-se pela beleza e pela elegância, pela sensibilidade e pelo caráter romântico, pela inteligência, pela intuição e pela sociabilidade.

O tipo *Oxóssi* é um dos mais atraentes dos tipos masculinos, esbelto, ágil, fino, nervoso. No seu comportamento amoroso, se revela apaixonado, romântico, carinhoso; mas é volúvel e instável. É dotado de um espírito curioso, observador e de grande penetração. Possui um temperamento introvertido, discreto, uma sensibilidade aguçada, e é tido por complicado. Tem gosto depurado, qualidades artísticas e criatividade. Exerce enorme fascínio tanto sobre as mulheres como sobre certos rapazes, e alguns *Oxóssis* são um pouco efeminados. No convívio social são amáveis, educados, calmos e muito estimados.

Logunedé pode ser masculino ou feminino. É muito bonito e tem grande orgulho de sua beleza e de seu corpo. É de trato fácil, bem-humorado, calmo, educado.

Quanto ao tipo *Ossâim*, ele é de constituição mais frágil; tem saúde delicada, e com a idade pode tornar-se aleijado. Tem certa propensão para a homossexualidade. Possui um temperamento secreto, imprevisível; é sonhador, esquisito, desligado. Os filhos de *Ossâim*, dados ao estudo, à reflexão, são geralmente cientistas, pesquisadores, médicos. São generosos, afetuosos, muito tolerantes, mas fazem questão de preservar a sua liberdade. Gostam de animais, com os quais dão a impressão de saber conversar, e de plantas, que conhecem a fundo e tratam com carinho. São despojados, sem ambição, completamente desprendidos de interesses materiais.

O princípio da cultura, finalmente, é representado pelas múltiplas "qualidades" de *Ogum*, que se salientam por constituição atlética, virilidade, dinamismo, agressividade e mau humor. Os filhos de *Ogum*, com efeito, são sujeitos vigorosos, saudáveis, relativamente magros, mas com forte musculatura. Têm sólido apetite e gostam de beber. São extrovertidos, emotivos, mas também suscetíveis, impacientes, intolerantes. Agem antes de pensar; ofendem-se facilmente, mas acalmam-se tão rapidamente como se irritam e arrependem-se em seguida de seus atos de violência. Devido ao seu caráter difícil, irascível, intransigente, são geralmente considerados desagradáveis e antipáticos. O tipo *Ogum* é essencialmente ativo; é um trabalhador eficiente, rápido, energético. É audacioso, arrebatado, empreendedor; não tem medo de nada e de modo geral ninguém se atreve a enfrentá-lo. É um tipo essencialmente viril, que não tem das mulheres um conceito muito alto, sendo um marido brutal e insensível. Os filhos de *Ogum* dedicam-se habitualmente a ofícios mecânicos; são técnicos, engenheiros, ou ainda militares.

É claro que cada um dos estereótipos acima se subdivide, já o dissemos, em "qualidades" com características próprias; porém, para os nossos fins, era suficiente apresentar aqui, de modo esquematizado, os traços típicos dos *"orixás gerais"* mais conhecidos.

IV

Apesar das previsões de Bastide, cujas pesquisas foram realizadas entre 1944 e 1953, e que julgava que a industrialização de Salvador e a integração do negro no sistema capitalista seriam fatores de desagregação do candomblé, o culto não está desaparecendo.

Entretanto, a cidade de Salvador e o Recôncavo estão passando por um processo de rápida industrialização e de intenso crescimento demográfico. Implantaram-se numerosas indústrias, provocando migrações das populações do interior da Bahia para a capital em busca de trabalho e de melhores condições de vida, e a vinda de técnicos do Sul e até do exterior. A cidade de Salvador, que até há poucos anos havia conservado seu aspecto e seus padrões tradicionais, praticamente isolada do resto do país, tem passado por radicais transformações.

A cidade contava:

— em 1938: 350.000 habitantes

— em 1969: 1.000.000 habitantes

— em 1980: 2.000.000 habitantes[4]

O candomblé cresceu também e mais, aliás, do que se poderia esperar do simples crescimento demográfico:

---

4. Os dados relativos a 1938 foram tirados do trabalho de Ruth Landes *A cidade das mulheres* (Rio de Janeiro, Civilização, 1967); os que se referem a 1969 são os da pesquisa realizada pelo Centro de Estudos Afro-Orientais de Salvador, sob a direção do Prof. Vivaldo Costa Lima. Os dados referentes a 1980 foram fornecidos pela Federação Baiana do Culto Afro-Brasileiro.

— havia em 1938: 80 terreiros para 350.000 habitantes, isto é, 1 para 4.375 habitantes;

— havia em 1969: 992 terreiros para 1.000.000 de habitantes, ou seja, 1 para 1.008 habitantes;

— haveria em 1980: 1.500 terreiros registrados, sem contar os inúmeros terreiros clandestinos, para uma população de 2.000.000 de habitantes.

O prestígio do candomblé foi reconhecido oficialmente; em 15.1.1976, o então Governador do Estado da Bahia, Sr. Roberto Santos, assinou, diante de 800 pais e mães-de-santo e de enorme multidão, o decreto que liberava finalmente o culto do registro obrigatório na Secretaria da Segurança Pública e do controle policial. A vida religiosa é integrada à vida cotidiana, à vida pública; acontecimentos, tais como confirmações de *ogãs*, *deká*, falecimentos, aniversários, fundação de novos terreiros são objeto de notas na imprensa local.

A multiplicação dos terreiros se faz por um processo de segmentação. Uma filha, ou um filho-de-santo, com sete anos de iniciação, que tenha cumprido as suas obrigações rituais, recebe de sua mãe – ou pai-de-santo – o *deká* e tem daí por diante o direito de iniciar seus próprios filhos e de fundar o seu terreiro, se tiver para tanto os recursos financeiros e o prestígio suficiente. Esta segmentação implica, por sua vez, o recrutamento de novos adeptos.

V

Observamos que aderem ao candomblé numerosos elementos brancos do sexo masculino, que são integrados ao culto na qualidade de *ogãs*. Estes elementos não pertencem às classes de baixa renda; as pessoas sem perspectivas de ascensão social costumam buscar consolo, de preferência, em religiões que valorizam a pobreza, a humildade, a paciência, o sofrimento, prometendo recompensas no além, como é o caso da umbanda e das seitas cristãs. Os novos *ogãs* pertencem, em sua maioria, às classes privilegiadas. Antigamente recrutados na comunidade negra e na classe social em que eles se inserem, os *ogãs* são cada vez mais escolhidos nos estratos mais altos da sociedade baiana. As mães-de-santo atribuem cada vez mais este título a industriais, comerciantes, profissionais liberais, artistas ou intelectuais de renome, fato aliás que vem criando certo distanciamento entre estes membros masculinos e o corpo das filhas-de-santo, que são humildes lavadeiras, empregadas domésticas, costureiras. É pequeno o número de mulheres brancas nos terreiros tradicionais; algumas delas são damas da sociedade baiana, dificilmente aceitas por suas irmãs-de-santo. Não se contentam em permanecer na condição de humildes *iaôs*, e quase sempre ascendem aos mais altos cargos dentro da hierarquia. Mas as velhas sacerdotisas negras negam-se a instruí-las completamente, de modo que sua atuação é limitada e sua influência no terreiro praticamente nula.

As casas tradicionais gozam de enorme prestígio, e receber um título em alguma delas é uma honra altamente cobiçada. Certos indivíduos, para obter um daqueles postos, envolvem-se em toda espécie de intriga. Para ser escolhido *ogã*, é preciso não somente ter uma posição, um nome e dinheiro, mas ainda freqüentar a casa durante anos a fio, saber conquistar as boas graças da mãe-de-santo e das sacerdotisas mais importantes.

Verifica-se, pois, atualmente, uma inversão da situação descrita por Ruth Landes,[5] que estudou o candomblé por volta de 1938, época na qual eram as mulheres que, com seu trabalho de lavadeiras ou vendedoras de quitutes, sustentavam os homens, na maioria dos casos sem emprego fixo.

Os novos adeptos, pois, são admitidos na qualidade de *ogãs*, termos da língua *iorubá* que significa senhor, superior,

---

5. *Op. cit.*

chefe. Trata-se de um posto honorífico dentro da hierarquia do terreiro. O *ogã* desempenha funções civis como protetor da Casa; tem por obrigação participar das despesas do terreiro, principalmente por ocasião das festas do santo "dono da Casa", do santo da mãe, por ocasião das obrigações de suas afilhadas e, naturalmente, das festas do seu próprio santo. Estas contribuições são estipuladas pela mãe-de-santo. Alguns *ogãs*, quando negros, desempenham também funções religiosas, por exemplo, como sacrificador, músico. O *ogã* é altamente respeitado no terreiro, onde é saudado ritualmente pela orquestra, por suas afilhadas, e onde tem sua poltrona reservada, à direita do trono da mãe.

O orgulho dos *ogãs*, seu sentimento de pertencerem a uma elite, é uma constante: "Eu não sou qualquer um: sou *ogã* de *Xangô* da Casa Branca." Por outro lado, os mais antigos dentro do grupo de culto fazem questão de afirmar sua superioridade sobre os mais novos: "Eu não sou qualquer um: já assentei três santos."

Enfim, parecem deleitar-se comentando durante horas as peculiaridades, as idiossincrasias do seu santo, do seu Oxóssi ou do seu Xangô, por exemplo, e o tema da personalidade dos filhos de tal ou qual *orixá* é o assunto predileto de suas conversas.

Por que estariam aderindo ao candomblé homens com formação cultural ocidental? Como podem eles aderir a uma visão de mundo africana, tão diferente, tão dificilmente conciliável com nossa educação racionalista, cientificista? A posição social destes homens, o prestígio de que já gozam na sociedade baiana excluem certas motivações: não buscam no candomblé a cura de doenças, uma solução para problemas de desemprego, compensação pela miséria, refúgio contra a solidão.

São pessoas que pertencem às classes privilegiadas, que se beneficiam do desenvolvimento industrial de Salvador, comprometidas por interesses econômicos e com a ordem vigente, que elas não pensam em questionar. Por outro lado, são pessoas que procuram obter prestígio dentro do grupo de culto, que procuram demonstrar o seu zelo: buscam uma integração no grupo de culto, querendo ser nele aceitas e reconhecidas. São, enfim, pessoas que atribuem a maior importância ao temperamento do seu santo pessoal.

Podemos então nos perguntar se o meio urbano da moderna Salvador não ofereceria condições favoráveis à eclosão do que foi chamado de "crise de identidade", à perda parcial da identidade pessoal e se o candomblé tradicional, tal como existe em Salvador, não ofereceria, por sua vez, condições de recuperação desta identidade.

VI

A pessoa é uma noção formal; designa um sistema de relações intra e interindividuais, uma constelação de elementos que assume formas diversas segundo o quadro cultural. A pessoa, em si, é vazia, posicional: é o lugar ocupado pelo indivíduo na trama das relações sociais. A identidade pessoal, pois, seria a identificação do indivíduo com esta posição que lhe compete e os papéis sociais correspondentes.

Numa sociedade tradicional, a pessoa é definida de modo inequívoco e, individuada, ocupa um lugar único na trama das relações de parentesco na cadeia das gerações e das classes de idade. Em nossa sociedade, pelo contrário, toda referência ao cosmos, aos deuses e aos antepassados foi eliminada. Resta-nos a identificação com um núcleo familiar reduzido, e com uma categoria social muito vagamente definida, em termos principalmente econômicos.

A noção de pessoa livre, autônoma e independente parece acompanhar as políticas de desenvolvimento, cortando as relações do indivíduo com seu meio, sua comunidade, sua tradição cultural, seus mortos e sua família, transformando-o em mão-de-obra indefesa. A necessidade premente de manter relações econômicas passa antes das relações afetivas, engendrando a indiferença. A necessidade do consumo está ligada à valorização do novo, do dinamismo, da agressividade, tidos por manifestações de juventude e de criatividade. Tudo é instável, passageiro: emprego, residência, amizades, amores, idéias. Modos de vida e valores transformam-se rapidamente e duram menos que uma geração; não há mais permanência à escala da vida humana. Desenvolve-se o individualismo, que se exprime na "realização pessoal", a qual seria a atualização dos dotes potenciais do indivíduo e a satisfação das necessidades e das legítimas aspirações do ser humano.

Além disto, encontram-se nos grandes centros urbanos pessoas procedentes das mais diversas regiões do país, inclusive estrangeiros e descendentes de estrangeiros, trazendo modelos culturais, sistemas de valores ligados a formações sociais de origens e de idades diferentes. A experiência cotidiana do homem urbano é fragmentada pelo fato de ele pertencer a grupos distintos, que lhe impõem por vezes comportamentos contraditórios.

Numa sociedade heterogênea e móvel, que se define mais por seu futuro que por suas regras, a identificação e a integração numa posição e num papel social tornam-se problemáticas. O homem urbano, diante de uma realidade social cujo sentido lhe escapa, sente dificuldade em definir seu lugar no mundo; não consegue apreender a sociedade como um todo; falta-lhe uma visão global que lhe permita inserir-se e perceber-se como parte de um todo.

A identidade pessoal é inseparável da identidade social e étnica. Edifica-se progressivamente através do jogo de dois processos complementares: de um lado, a identificação com o outro, pai, antepassado; do outro, a percepção das diferenças e das oposições. A identidade pessoal resulta tanto da identificação com o grupo social e da interiorização dos seus modelos culturais, como da consciência do que nós não somos e do que nós não temos. Num meio heterogêneo (assim como ocorre em situações de contato interétnico, ou com imigrantes) como os grandes centros urbanos, o indivíduo vê-se numa situação onde os modelos culturais que ele interiorizou não são os mesmos que os das pessoas com as quais tem de conviver. Não encontrando mais o sistema de valores e de padrões que constituem o núcleo de sua personalidade, ele perde seus pontos de referência e não sabe mais o que ele é.

Em tal meio, constituído de grupos pouco coesos, unidos por relações impessoais, exteriores, mediadas pelo aparelho burocrático ou pelos meios de comunicação de massa, as relações interpessoais aparecem como incertas, problemáticas; o outro surge como um enigma e até um perigo. Em conseqüência, a curiosidade volta-se para o indivíduo, tema de infindáveis conversas; generaliza-se o psicologismo. O global sendo dificilmente apreendido, perde-se a dimensão sociológica. A pessoa e a personalização adquirem inusitada importância. Por outro lado, a existência tende a restringir-se ao plano dos problemas domésticos. Neste contexto, a religião tende a ser pensada igualmente em termos de intimidade, como relação com uma entidade protetora e individual, espécie de pai sobrenatural. Certos indivíduos, pois, encontrariam uma solução à sua busca de identidade na relação íntima com uma divindade particular, na devoção a um santo pessoal.

VII

A estes indivíduos desestruturados, o sistema de pensamento *nagô* oferece possibilidades de individuação e de inserção no cosmos, modelos de personalidade, diferenciação no plano social e orientação psicológica.

A individuação realiza-se progressivamente. Com a formação dos *ori*, surgem seis grandes categorias de seres humanos, que descem respectivamente dos espíritos simbolizados pelo ar, pela água, pela terra, pelo fogo, pela natureza e pela civilização. Graças à atuação do princípio de expansão da matéria personificado por *Exu*, estes seres humanos são separados e individuados do ponto de vista biológico. Graças aos *orixás*, eles são individuados do ponto de vista espiritual, a individuação seguindo um processo de encaixamento em classes cada vez menores, incluídas umas nas outras, do geral ao singular.

A pessoa *nagô* não é isolada nem autônoma; recebe parte do seu ser de Deus; recebe outra parte de uma substância primordial pela qual está ligada aos antepassados da humanidade, da "nação", do terreiro e de sua própria família. Com o *orixá*, ela participa dos poderes que governam estas substâncias. A pessoa completa é uma criação adquirida através das instituições. O homem do candomblé apreende-se como situado no mundo, num ponto preciso do contínuo das gerações humanas, relacionado com determinados deuses e intimamente ligado pela iniciação ou pelo assentamento a uma manifestação única de um deles; apreende-se como situado na hierarquia do terreiro e na sociedade abrangente, como membro do culto.

O candomblé oferece um conjunto de tipos tradicionais da personalidade suficientemente esquemáticos para adaptar-se à diversidade dos indivíduos concretos, sendo possível elaborá-los, integrando anseios individuais. Através do ritual do assentamento, o novo adepto estabelece uma relação íntima com seu *orixá* pessoal, que corresponde a um dos tipos culturalmente definidos da personalidade, com o qual ele passa a identificar-se.

A identificação com esta entidade vai proporcionar ao novo adepto um lugar bem definido no plano das relações sociais. Cada membro do candomblé distingue-se dos demais, por exemplo, como filho-da-Terra; distingue-se a seguir dos outros filhos-da-Terra como filho de *Obaluaiê*; distingue-se ainda entre todos os filhos de *Obaluaiê* por ser filho de um *Obaluaiê* jovem e guerreiro, digamos *Tetu*; finalmente se identifica com seu ser único, talvez *Ìjì Gbemi*, manifestação individual de *Tetu*. Esta identificação determina em certa medida seu relacionamento com os outros membros do terreiro, pois com efeito certas funções, certos trabalhos ser-lhe-ão atribuídos em função do seu *orixá*. Paralelamente, pela sua inserção no grupo de culto, o novo adepto diferencia-se do não-grupo. Mas, ao mesmo tempo, sua ligação com determinado *orixá* determina, na sociedade mais ampla, seu relacionamento até com indivíduos que não pertencem ao candomblé, definindo afinidades, incompatibilidades, atividades profissionais, cônjuges possíveis.

Graças à sua ligação com o *orixá* pessoal, o indivíduo adquire ainda um lugar definido na ordem cosmológica, pois o *orixá* determina afinidades ou oposições com os diversos aspectos da natureza e poderes primordiais.

Constantemente consultado pela mediação do jogo de búzios, o *orixá* reforça esta identificação, incentivando certos comportamentos, proibindo outros. O adepto, com a aprovação dos membros do grupo de culto, passa a assumir as atitudes esperadas, e sensíveis modificações comportamentais seguem à integração do indivíduo no candomblé.

Enfim, o *orixá* orienta e ajuda seu filho a alcançar seus objetivos, definidos de acordo com os ideais da classe social à qual pertence. Nada se faz sem consultar o santo: negócios, viagens, mudanças, visitas, casamento etc. O *orixá* exige o cumprimento das obrigações rituais, dando em troca saúde, prosperidade, êxito. Ademais, através do oráculo, o futuro pode ser previsto; as desgraças, evitadas; todos os acontecimentos são explicados, o absurdo e o incompreensível, eliminados.

CONCLUSÕES

Parece-nos que a expansão dos cultos afro-brasileiros em geral é paralela ao desenvolvimento do capitalismo e da urbanização. No caso específico de Salvador, este desenvolvimento é bastante recente, e estamos assistindo hoje ao impacto das mudanças sobre as classes média e média alta, que estão se ressentindo mais dos seus efeitos. Por outro lado, a organização dos grandes terreiros de candomblé *nagô* data do século XIX, sendo portanto bem anterior às mudanças decorrentes da industrialização e do crescimento urbano. Estes terreiros, pois, já estão solidamente estruturados, já possuem uma tradição integrada à vida da cidade, estando aptos a fornecer uma inserção e uma identificação. Explicar-se-ia assim a atração que exerce hoje o candomblé *nagô*, e a crescente adesão de membros das classes sociais privilegiadas. Podemos dizer que o candomblé *nagô* exerce, no contexto aqui descrito e dentro dos seus limites, uma função terapêutica, oferecendo uma solução de compromisso a certa categoria de pessoas que, por um lado, estão atravessando uma crise de identidade provocada pela transição para o modo de vida dos grandes centros urbanos modernos, mas que, por outro lado, estão ligadas por interesses econômicos à ordem vigente.

Em conseqüência, os deuses passam, cada vez mais, a personificar tipos psicológicos, a significar individuação, e, não raro, o novo adepto branco parece estar mais ligado ao seu santo do que à própria comunidade africana. O desenvolvimento desta "psicologia" poderia então ser visto como uma manifestação da influência da infra-estrutura da sociedade de classes brasileira, que começa a se exercer sobre a superestrutura africana, prenunciando a inversão do mecanismo anterior descrito por Bastide, que afirmou[6] que, nos terreiros

---

6. Bastide, Roger. *As religiões africanas no Brasil*, op. cit.

de candomblé, eram as superestruturas africanas que haviam orientado a recriação da infra-estrutura. O tipo de psicologismo aqui estudado seria, em última instância, um efeito da atomização das relações sociais na sociedade global sobre a visão de mundo do candomblé.

EXU / OBALUAIÊ E O ARQUÉTIPO DO MÉDICO FERIDO NA TRANSFERÊNCIA

Pedro Ratis e SILVA *

COMEÇO
(Sentimento Introvertido)

Exu é quem me possibilita fazer esta reflexão.

Ela começa por uma viagem de retorno à infância, tendo como ponto de partida um sonho que, aos três ou quatro anos de idade, se repetia com muita freqüência, sempre do mesmo jeito: eu estava num lugar desconhecido, com pessoas desconhecidas; era um recinto, um quadrilátero como uma grande sala. De repente, entrava um ser muito estranho, alongado, com uma espécie de cabeça em forma de ovo, cheio de marcas e pintas. Dançando com movimentos lentos, ele vinha se aproximando de mim, mas antes de chegar muito perto eu acordava aterrorizado. Depois demorava muito a dormir de novo, com medo de que o sonho continuasse. Algum tempo depois, aquele ser estranho passou a surgir inteiramente coberto de palha. Mesmo assim, eu acordava sempre antes de ele me tocar, com muito medo.

Era uma época de minha vida em que a barra era muito pesada. Doía dor física. Sofrimento e abandono eram componentes concretos. Éramos muito pobres – coloquei "éramos", mas já por essa época experimentava um sentimento de exclusão e de ser diferente bastante doloroso, que me separava

---

* Terapeuta junguiano, com clínica em São Paulo.

dos demais. Além da pobreza material, a atmosfera que se respirava era de indigência moral, espiritual, cultural etc. Meu pai bebia e não ligava a mínima para nenhum de nós; minha mãe não cuidava de mim. Desnutrido e raquítico, com os cabelos quase brancos (por falta de proteínas), sofria constantemente de tersóis (problema ligado à avitaminose), e terminei pegando uma doença de pele – talvez impetigo, em todo caso, algo infeccioso – que me deixou coberto de pústulas da cabeça aos pés. Não sei quantos dias, semanas ou meses durou minha doença, só lembro que doía muito e eu gemia, pois não tinha força para chorar. Era difícil dormir porque qualquer posição na cama causava dor; além disso, quase todas as noites ocorriam os pesadelos. O pior sofrimento era na hora do banho, quando a água tocava as feridas. Para tomar banho, minha mãe me levava à casa de uma conhecida, que era a única pessoa que tinha jeito para me dar banho. Acho que era a única pessoa que me causava tanto medo que eu preferia entrar na bacia e enfrentar a dor, a ter de enfrentar a cara feia dela. Depois, quando comecei a tomar penicilina, era ela quem aplicava as injeções. Ela era dentista e muito caridosa, segundo me disseram.

Lembro de mim nessa época como uma espécie de apêndice de minha mãe, pendurado em seu pescoço e gemendo. Ainda mamava em seu peito. Ela era gorda.

Tinha sido o quinto filho. O filho anterior, que viveu apenas algumas horas, tinha nascido com cinco quilos e havia arrebentado o períneo da minha mãe durante o parto. Como esse períneo só veio a ser reconstituído oito anos depois de eu ter nascido, imagino o pavor e o sofrimento dela ao se ver grávida de mim e, à medida que eu ia crescendo, notar sua barriga crescendo e pesando e aumentando a ameaça. Fantasia minha. O fato é que nasci um mês antes do esperado. Esperado é maneira de dizer, pois não havia nada me esperando, os vizinhos é que acudiram, emprestando roupas, berço. O nome que me deram era de meu avô, pai de meu pai, típico exemplar do patriarcado nordestino mais vagabundo.

Acho que vou pular agora o resto da minha infância, que foi toda ela muito difícil, se não, fica um pouco baixo astral demais. Basta dizer, antes que eu me esqueça, que houve um período em que eu pedia esmolas nas ruas de Olinda (PE) para sustentar minha mãe, até que entrei num seminário de frades, por determinação dela, onde passei o resto da infância e adolescência, ali permanecendo sob suas chantagens e ameaças. Saí do tal seminário com 18 anos.

As imagens daqueles sonhos nunca se apagaram da minha lembrança, mas não tinham outro significado além de retratos de uma infância muito ruim. Retratos que ficavam no fundo de uma gaveta pouco utilizada.

Passando à época atual: foi para mim a maior surpresa quando, no Moitará de 1980, foi mostrada uma imagem de Obaluaiê, isto é, da sua sacerdotisa paramentada. Era a própria imagem que aparecia nos sonhos repetidos de minha infância. E o xaxará, seu emblema, uma espécie de bastão, lembrava muito o ser estranho que invadia meus pesadelos.

Fiz imediatamente a conexão entre as imagens do culto nagô e as dos meus sonhos, o que muito me surpreendeu, pois nunca tinha tido antes contato com essa religião, a vida toda proibida como "coisa de macumbeiro". Apesar de muito freqüente em Olinda, o xangô (nome local para o candomblé) era rigorosamente tabu para minha família. "Coisa de negros", embora nós fôssemos os brancos que éramos. Não conseguia porém captar o sentido profundo da conexão entre as imagens e, terminado o Moitará, minha atenção acabou se desviando para outras coisas.

Até que um belo dia, numa sessão de análise, quando a analista anunciou que suas férias de meio de ano começariam dali a algumas semanas, as imagens daqueles sonhos infantis e todo o medo e o sofrimento associados a elas se fizeram presentes. Uma imaginação ativa envolvendo essas figuras ajudou a iniciar a elaboração do material transferencial, bem como a discussão de muitos aspectos que já vinham sendo mencionados havia algum tempo na análise.

A proposta da imaginação ativa era a invocação e o confronto daquelas imagens. Fechei os olhos e imediatamente entrei no "clima" dos pesadelos; era como se estivesse sonhando de novo um daqueles sonhos. Sentia-me naquele lugar estranho, com gente desconhecida. De repente surge o tal ser alongado. O medo tomou conta de mim e meu primeiro impulso foi o de abrir os olhos e interromper o contato, como o sonho costumava interromper-se. Mas não fiz isso; talvez por estar na companhia da analista, consegui me manter dentro da proposta da imaginação ativa. A figura, dançando, foi chegando cada vez mais perto de mim. Parou na minha frente e começou a girar em torno de si mesma com uma velocidade incrível. Aos poucos, aquele movimento de rotação foi criando expansões em torno do eixo, como tiras de palha, e o conjunto foi adquirindo uma forma semi-humana. Quando parou finalmente, aquilo se dirigiu a mim com evidente intenção de me abraçar. Reagi tentando afastá-lo com as mãos e perguntando o que queria de mim. "Quero levar você", foi a resposta. Gelei. Já completamente sem esperanças e desistindo de reagir, perguntei para onde ia me levar. A resposta foi de tal modo inesperada que me causou um choque e mudou completamente a atmosfera de medo: "Quero levar você ali para aquele banco para a gente conversar." E apontou um banco de jardim tranqüilo, fora do quadrilátero onde estávamos. Fomos para lá e sentamos. Embora o pavor tivesse desaparecido, eu continuava tenso e assombrado diante daquele desconhecido, que afinal não parecia querer me fazer mal. Mas o contato não era nada fácil: não conseguia enxergar direito por entre as palhas, mas percebia algo vivo ali dentro; ao mesmo tempo um cheiro (impressão de cheiro) nauseante de pus e sangue se desprendia dali. Pedi que me dissesse quem era e a sua resposta foi: "Eu sou a sua bondade. Você não me conhece porque eu não tenho rosto. Eu queria só me apresentar, agora já vou embora."

Perguntei por que já tinha de ir embora, pois já estava começando a me sentir melhor em sua companhia. "É por você. Você não agüentaria receber tudo hoje. Mas eu voltarei." Respondeu e desapareceu. Terminou a imaginação ativa.

A emoção foi muito grande. Era como se as duas pontas de um fio tivessem se unido formando um círculo onde cabia o sentido da minha vida inteira. Intuitivamente, claro, não que este sentido já estivesse dado para mim. Mas a volta prometida de Obaluaiê era também uma promessa de desvendamento do mistério desse sentido.

Compreendi também, acho, que a segunda vinda de Obaluaiê teria de ter uma participação mais ativa de minha consciência, e me dispus a prepará-la. Não sendo adepto da religião nagô, não tinha muito sentido para mim "fazer a cabeça", "dar comida para o santo" ou qualquer obrigação ritual; mas tentei captar do ritual de iniciação o respeito e a dedicação necessários para a integração do símbolo. Lembrei-me das palavras de Jung:

> *Although we naturally BELIEVE in symbols in the first place, we can also UNDERSTAND them, and this is indeed the only viable way for those who have not been granted the charisma of faith.*[13]

("Apesar de naturalmente ACREDITARMOS nos símbolos em primeiro lugar, podemos também COMPREENDÊ-LOS, e na verdade este é o único caminho viável para aqueles que não foram agraciados com o dom da fé.")

E decidi passar à execução do presente trabalho como parte desse esforço de integração. Não como um adepto, não como um antropólogo, não pretendo compilar um tratado sobre Obaluaiê, não pretendo estabelecer grandes teorias; desejo apenas compreender um pouco mais de minha vida e de um material clínico que com muita freqüência aparece na experiência psicoterápica: o fenômeno da transferência manifestando-se na pele.

E Exu, onde entra nisto?

Comentando uma série de fotografias que retratam uma cerimônia para Obaluaiê, Pierre Verger, em seu livro sobre os orixás, chama a atenção para "o ar trocista e desligado dos mais velhos, em contraste com a expressão concentrada e tensa dos iniciados".[21] Houve uma inversão da polaridade habitual: o ar grave está nos jovens e a descontração, nos velhos. E é nessa inversão que se pode detectar Exu (nome dado pelos nagô ao aspecto dinâmico do existir), a nos lembrar que Obaluaiê não é somente sofrimento e morte, mas também transformação e vida. Os velhos das fotos, em sua sabedoria, como que expressam a integração das polaridades desse arquétipo.

É então uma dupla: Exu e Obaluaiê. Ou melhor, Obaluaiê com seu Exu, seu princípio dinâmico, o símbolo central ao redor do qual se organiza este trabalho, que se apóia, por um lado, basicamente no livro de J.E. Santos *Os Nagô e a morte,* que como ela própria declara em entrevista: "... provocou discussões até de teólogos, porque pela primeira vez houvera uma tentativa séria de desenhar uma epistemologia da religião nagô";[19] e, por outro lado, apoiando-se em vivências pessoais e da clínica. Com isto, acredito seguir a recomendação de Byington, que lembra que: "Cada Símbolo é a expressão do Todo e para se chegar à vivência simbólica plena é necessária uma abertura não só intelectual mas sobretudo existencial, pois somente aí a vivência simbólica e a sua interpretação se tornarão claras."[5] E um pouco mais adiante: "A abundância de Símbolos Multiculturais nos costumes, sonhos e no Processo de Individuação dos Brasileiros contrasta com o seu quase nenhum conhecimento das culturas onde esses Símbolos operam significativamente. É como se existisse uma Identidade latente que já vive nos Símbolos mas para a qual a Consciência Coletiva ainda mal despertou."[5]

Tudo bem, tem isso. Mas tem também, e principalmente, uma intenção de, em muitos sentidos, tentar salvar minha pele.

MEIO
(Intuição Introvertida)

Quíron, o centauro sábio, recebera a incumbência de instruir Asclépios, filho de Apolo – o deus solar – nos mistérios da medicina. O grande segredo revelado por Quíron a Asclépios foi que, para curar, o médico precisa ser, ele próprio, ferido. Acessoriamente, transmitiu-lhe quanto sabia a respeito de ervas medicinais.[10] A ferida de Quíron era uma ferida na pele.

Obaluaiê, o orixá das doenças, médico dos pobres, ao manifestar-se em suas sacerdotisas, precisa ser inteiramente recoberto por uma vestimenta de palha, que lhe oculte o aspecto repugnante. É que o "médico dos negros" sofre ele também de uma terrível doença, a bexiga, ou varíola, uma doença de pele.

O fato de duas culturas tão distantes e distintas no tempo e no espaço, como a nagô contemporânea na África e no Brasil, e a cultura grega na Antigüidade clássica, terem produzido representações que podem ser superpostas em muitos aspectos, não chega a ser surpreendente nem inédito para a psicologia analítica. Foi mesmo a partir de fatos semelhantes que C.G. Jung construiu a hipótese do inconsciente coletivo e dos arquétipos. O que chama a atenção e o que me proponho estudar é o fato de a doença do médico ferido ser uma doença de pele. O segredo de Quíron era que o médico devia ser ferido, mas não havia nenhuma explicitação a respeito da natureza do ferimento. As suposições correntes falam a respeito da necessidade de uma correspondência pelo menos analóica entre a ferida do médico e a ferida que quer curar.[10,11] À primeira vista, a limitação parece muito grande, deixando o campo de ação do médico reduzido ao tratamento exclusivo dos casos em que o ferimento seja exatamente o mesmo no paciente e no terapeuta. No entanto, sabemos que Quíron não tratava apenas de pacientes flechados por engano por Héracles, mas era muito mais receptivo. O que haveria, pois, de tão abrangente na ferida de Quíron que o habilitava a mexer com tantas patologias "diferentes" da sua? Acho que era o fato de sua ferida situar-se na pele.

A possibilidade da cura através da ferida já nos alertava para a necessidade de uma intervenção da personalidade total do médico, dentro de uma relação intensamente pessoal. O detalhe de esta ferida localizar-se na pele nos conduz diretamente ao problema da transferência, que discutiremos ao longo deste trabalho.

O processo usado pelo centauro para curar através da sua ferida não nos é dado pelo mito; a psicologia profunda, porém, fornece à imaginação, através do estudo do fenômeno da transferência, o material necessário à composição do quadro. O termo técnico transferência usado aqui designa um fenômeno que ocorre na relação analítica mas que não é privativo dela, e sim inerente a toda relação significativa. Não se refere apenas à repetição de padrões de comportamento estruturados durante a infância (transferência defensiva), mas também à transformação desses padrões atualizados na vivência *terapêutica*, isto é, que visa à integração das transformações à personalidade (transferência criativa). A pele seria então, por esta nossa hipótese, o órgão centralizador das manifestações simbólicas, na coluna do corpo no eixo ego-self, do fenômeno da transferência.

Se a cura se dá pela transferência, a pele é o seu órgão efetor simbólico.

Mas qual a necessidade de ela ser uma pele ferida?

É que a pele, como órgão de relação, funciona como fronteira entre o mundo interno e o mundo externo; e se esses dois mundos não se comunicarem, se nenhuma abertura existir de um para o outro, se não houver possibilidade de troca, não há possibilidade de vida. A necessidade de a pele ser ferida é a necessidade da abertura entre esses dois mundos e, por extensão, entre o "eu" e o "não-eu", entre o que está na consciência e o que está no além (além-consciência): entre o eu e o outro. A ferida na pele surge então como uma abertura maior para o outro, não importa se interna ou externamente. A transferência só se realiza como relação que cura quando essa abertura maior para o outro está presente e, através dela, o fluxo vital se estabelece, presidido por Eros e vivenciado conscientemente pelo médico (ferido). A pele é um símbolo central dessa relação que cura – a transferência – com um potencial para expressar suas nuances, desde as mais sutis até as mais dramáticas. Se estivermos atentos para a linguagem simbólica da pele e nos abrirmos para a sua leitura, podemos acompanhar o andamento da transferência e dela obter imagens instantâneas de surpreendente precisão e nitidez. Por outro lado, a observação da "contratransferência" na pele abre caminho para que o analista conscientize a simbiose transferencial através da qual a diferenciação vai-se desdobrando. Esta, segundo Byington, "se faz sempre na relação com o *Outro*, seja ele pessoa, corpo, natureza ou ideação-emoção, o que nos torna sempre Sujeito e Objeto no processo de diferenciação. É claro que isto não afasta a função da discriminação em cada aumento da consciência, através do qual o *self* se separa no *Eu* e no *Outro*. A discriminação, porém, é efêmera e não deve por isso nos iludir com a capacidade de se manter um estado objetivo permanente. O *self* que se sujeita à discriminação e produz mais consciência estruturando a identidade a partir da sua diferenciação do *Outro*, no momento seguinte já se apresenta outra vez indiscriminado, onde o *Eu* e o *Outro* se apresentam outra vez condensados".[5] Na transferência, a pele está o tempo todo sinalizando essas vicissitudes, fornecendo as imagens mais imediatas das mesmas.

Agora, o deus da pele ferida é o orixá nagô Obaluaiê, o Grande Médico da cultura iorubá, que tem a pele atacada pelas pústulas da varíola em toda a sua extensão. Não uma abertura apenas, como em Quíron, mas milhares delas pelo corpo todo. E cicatrizes. E uma grande sensibilidade. Não se deve irritá-lo. Não se deve esquecê-lo, nem arriscar qualquer possibilidade de faltar-lhe com o devido respeito. Acho que essa atitude "religiosa", no sentido de "observação cuidadosa" como ensina Jung, é a mesma que se impõe ao vivenciarmos o fenômeno da transferência.

Quando pessoas que têm algum conhecimento ou alguma vivência da cultura dos nagô referem-se a Obaluaiê, fazem-no em geral com uma atitude que reflete um grande respeito e também algum medo. Não se fala muito de Obaluaiê, e quando se fala é como se estivéssemos diante de um horrendo mistério. É como se a numinosidade desse arquétipo fosse mais intensa, mais misteriosa, mais perigosa e mais próxima. Omolu, a representação desse orixá sob forma de um velho, evoca morte, cemitérios, caveiras e todo um clima de decomposição. Não se fala o nome de Xapanã (outra representação do mesmo orixá), pois basta pronunciá-lo para que a pessoa contraia uma doença de pele. Xapanã é a representação desse orixá sob sua forma mais terrível, a de disseminador de doenças como castigos, sendo ele colérico e vingativo.

Essa atitude de respeito e medo é sugestiva de que estejamos diante da experiência de um símbolo vivo. A imagem de Quíron, filtrada por inúmeras camadas de estudos eruditos, ficou muito menos acessível a uma experiência direta. Não é contribuir para que isso ocorra também com Obaluaiê/Omolu/Xapanã que nos move a estudá-lo, e sim detectar sua presença viva em nossa experiência diária sempre que estabelecemos uma relação significativa com o "outro". Como a observação das relações significativas, com uma proposta de transformação, ocorre privilegiadamente dentro do contexto de uma análise, é compreensível que Obaluaiê tenha na transferência um lugar preferencial para suas manifestações, e na pele das pessoas envolvidas, seu "assento". Segundo o *Dicionário de cultos afro-brasileiros*, de Olga Gudolle Cacciatore, o "Assento dos Santos" é o "material sagrado onde o orixá mora, onde reside sua força mágica".[7] Numa linguagem um pouco mais clínica, poderíamos talvez falar de "sinais": sinal de Obaluaiê, sinal de Omolu, sinal de Xapanã, conforme o sentido da manifestação dermatológica tenha a ver com as polaridades doença/saúde, morte/vida ou castigo/redenção. Voltaremos a essas polaridades e "sinais" na quarta parte deste trabalho, para examiná-los mais detidamente, junto com o material clínico. Antes precisamos situar Obaluaiê no universo mítico nagô e estudá-lo mais detalhadamente junto com Exu – o que faremos no restante desta seção e na seção seguinte.

Como estávamos vendo, admitir uma relação como significativa é atribuir a ela um sentido para a individuação e conceder-lhe uma potência transformadora. A atitude diante desse sentido e dessa potência ainda desconhecidos só pode ser de respeito e algum temor. Como diante de Obaluaiê. Diante do mistério da transformação.

Mas quem é Obaluaiê dentro do sistema religioso nagô? Como localizá-lo nessa constelação?

O livro de J.E. Santos *Os Nagô e a morte* nos fornece uma descrição pormenorizada do universo cultural nagô. É a ele que nos remetemos obrigatoriamente e é de sua leitura que nos vieram algumas intuições que passaremos a expor, numa tentativa de estabelecer genericamente o contexto em que surgirá a figura de Obaluaiê com seu Exu.

O nagô pensa a existência cosmicamente como Olórun, a suprema entidade, o Ser, onde estão contidos todo o espaço e todos os conteúdos materiais e imateriais. Se por um lado essa concepção se aproxima bastante do que em psicologia analítica chamaríamos de *Self* Cósmico, a primeira discriminação introduzida pelo sistema nagô, fazendo a existência transcorrer simultaneamente em dois níveis – o *aiê* e o *orum* – é quase superponível à divisão "consciente" e "inconsciente", pois dá possibilidade e sentido à existência individual em equilíbrio dinâmico, dialético, com o Todo. Tanto que o *aiê*, o mundo das representações conhecidas, o mundo da consciência, se constituiria numa materialização do *orum*, do além, do que está além da consciência, o Inconsciente, portanto, do qual proviria, ao qual pertenceria, mantendo-se a ele permanentemente ligado por um eixo. Nas escrituras sagradas dos nagô (*odus*) o *orum* é descrito como sendo composto por nove espaços, sendo o *aiê* um desses nove espaços, formando um todo harmonioso, e unidos por um pilar. Essa concepção macrocósmica encontra correspondência naquilo que a psicologia analítica, em âmbito microcósmico, postula como origem da consciência e sua mutação e desenvolvimento através do eixo ego-*self*.[16]

A idéia de que tudo que existe no *aiê* tem um *doble* abstrato no *orum*, do qual seria a forma concreta, individualizada, reporta-nos à teoria dos arquétipos e do desenvolvimento arquetípico da consciência. Se atentarmos agora para o significado da palavra *Olórun* ou *obá-orum* – "rei do orum" – e o compararmos ao significado da palavra Obaluaiê (Obá + olu + aiyé: rei dos espíritos do aiê), já poderemos talvez pressentir a posição central e a importância que este arquétipo está demonstrando ter. Não seria nenhum exagero tomá-lo como uma imagem do Arquétipo Central, ou talvez a do Velho Sábio, sem forçar um redutivismo, mas colocando-o como algo muito próximo à *imago Dei*.

Logo voltaremos a isso; antes há ainda a necessidade de examinarmos alguns aspectos da cosmogonia nagô, para tentarmos compreender as forças que mantêm aquela divisão inicial a que nos referimos e intervêm nas trocas necessárias ao equilíbrio dinâmico dos dois sistemas.

Para tanto, resumiremos dois mitos de criação da tradição nagô documentados por J.E. Santos em seu trabalho já citado.[18]

No primeiro deles, Olórum, o Ser Supremo, identificado com o elemento abstrato, o ar ou "éter", é o Ser Primordial, e de seus movimentos respiratórios, numa progressiva condensação, surgem as águas e destas, a lama. Da interação destes três proto-elementos, ar (Olórum), ar-água (Obatalá) e água-terra (Odudua), surge a primeira forma criada, uma bolha de lama que se solidifica e adquire vida ao receber o hálito divino de Olórum: Exu, o filho, o elemento procriado.

Daí por diante, subentende-se a presença de Exu como o terceiro elemento, resultante da união dos princípios criativos masculinos (Obatalá, água da chuva, caída do céu, de Olórum, o ar, componente espiritual) e feminino (Odudua, a terra, fecundada pela chuva, o componente material).

O outro mito a que nos queremos referir relata detalhadamente os primeiros movimentos daqueles dois princípios criativos (masculino e feminino, Obatalá e Odudua). Por ele ficamos sabendo de uma divisão inicial do trabalho da Criação, com desentendimentos e posterior reconciliação dos dois princípios. Assim Obatalá, o princípio masculino, criou o *orum* e todas as entidades abstratas que o compõem. Por sua vez, Odudua, o princípio feminino, escorregando pelo pilar que o une ao *orum*, veio para o *aiê*, onde criou a terra. É da reunião subseqüente de Obatalá a Odudua que nascem todos os seres deste mundo. A harmonização desses dois princípios, a interação entre o *orum* e o *aiê*, entre o Ser e a sua reflexão, é mantida através da dialética do sacrifício, que prepara a superação final daquela com a morte e a reintegração no Todo. E todo o ciclo pode então se reiniciar.

Esses dois mitos cosmogônicos nagô podem ser lidos também como descrições admiráveis da psique originando-se do *Self* Cósmico e diferenciando-se gradativamente, passando por fases em que as forças criativas originais (patriarcais e matriarcais) estão divididas, trabalham separadamente, estabelecendo-se e estruturando sua parte específica na tarefa da Criação, posteriormente se reúnem, completam juntos a estruturação e juntos preparam a transcendência, a volta ao cosmos.

O ponto que gostaria de destacar agora diz respeito a uma teogonia nagô, a genealogia dos orixás, que nos permitirá situar Obaluaiê nessa constelação de entidades míticas.

Já vimos como se originaram as três entidades primordiais, Obatalá, Odudua e Exu. Ora, ao criar o *orum*, Obatalá estabelecia um domínio abstrato que viria a ser povoado por entidades criadas diretamente por Olórum, os "orixás da direita", com tarefas específicas na criação e manutenção do universo. Todos, sob o comando de Obatalá, representam o poder criador masculino. Além desses, há os "orixás da esquerda", representantes do poder criador feminino, com Odudua à frente e englobando também todas as entidades – "filhos" resultantes da interação dos orixás da direita com os da esquerda. Ainda no *orum*, mas separados dos orixás, estão os eguns, espíritos dos ancestrais humanos, também divididos em da direita e da esquerda, conforme sejam ancestrais masculinos ou femininos.

Por sua vez, todos os seres do *aiê* são formados a partir das entidades abstratas do *orum*. Das entidades sobrenaturais do *orum* desprende-se a energia vital que animará a matéria e orientará a diferenciação daquele ser no *aiê*. Completado o seu desenvolvimento pleno, aquela energia vital deverá ser restituída ao *orum*, e a porção material, restituída à terra. O que possibilita o eterno renascer e as transformações.

Essas concepções encontram paralelo na teoria do desenvolvimento arquetípico da consciência.

Dentre os orixás da esquerda, destaca-se a figura de Nanã, imagem de Grande Mãe ctônica, tão importante nesse grupo que às vezes é confundida com o próprio princípio feminino, Odudua.

Seu filho, fruto de sua interação com Obatalá, é o grande orixá da esquerda Obaluaiê, que passaremos a estudar detalhadamente.

MIOLO
(Fantasia)

Obaluaiê é o filho abandonado de Nanã.[2]

Da união de Obatalá (água da chuva, princípio gerador masculino) com Nanã (princípio feminino em seu aspecto maternal ctônico), nasce Obaluaiê, rei dos espíritos do *aiê*. Seu grande corpo negro cheio de feridas é o testemunho de suas origens, ao mesmo tempo celestes – o céu estrelado de seu pai – e terrenas: a lama preta de sua mãe.

"Rei de todos os espíritos do mundo", nas palavras de J.E. Santos, Obaluaiê é a "imagem coletiva de espíritos ancestrais".[18] Imagem arquetípica do divino no humano, do espírito na matéria, Obatalá + Nanã, Obaluaiê é uma imagem do arquétipo do espírito humano. *Rei* porque, presente em cada ser humano, preside o seu desenvolvimento espiritual, reintegrando posteriormente aquela manifestação individualizada a uma somatória de todas as contribuições individuais ao longo dos séculos da existência humana. A tradição nagô expressa essas duas características dos arquétipos – a universalidade e a síntese evolutiva – através do uso abundante de *cauris* (pequenos caracóis que servem para representar os descendentes) na liturgia de Obaluaiê, e no fato de o conjunto de *cauris* que serve de instrumento de consulta ao oráculo pertencer ritualmente a esse orixá. Isso nos permite visualizar a consulta ao oráculo como uma abertura, dentro de uma vivência de sincronicidade, para a totalidade da experiência humana armazenada nos arquétipos. O oráculo não é de Obaluaiê; mas o conjunto de *cauris*, seus descendentes, sim.

Mas que participação teria nessa estrutura a dinâmica do abandono?

A ligação com Nanã, sob o aspecto mitológico, preservaria a integridade da pele de Obaluaiê, seus cuidados de mãe poderiam ter mantido aquele invólucro perfeito para continente de suas aspirações. Mas Obaluaiê não era apenas um pedaço desprendido do corpo de Nanã. Obaluaiê é o *espírito humano*, e a sua diferenciação através das aquisições da consciência durante o desenvolvimento arquetípico é um *"opus contra Naturam"*, que o leva irremediavelmente para uma tensão com suas origens. Nanã não reconhece aquele filho que não a reproduz integralmente, ali existe alguma coisa que não lhe pertence, não é ela. E o rejeita.

A febre e pequenas bolhas começam a se espalhar pelo corpo. Como pequenas estrelas cintilando em sua pele, relembram-lhe a origem celeste – Obatalá.

Na liturgia nagô, segundo nos informa Pierre Verger, "nos dias de certas cerimônias os sacerdotes de Oxalá (Obatalá) têm o corpo decorado com pontos de giz branco". E "na África, como no Brasil, o corpo do iniciado (de Obaluaiê) é decorado com desenhos feitos com (pontos de) giz branco".[21] É um detalhe cerimonial apenas, porém especialmente significativo para o contexto que vínhamos estabelecendo.

Desejo nesse momento deslocar a ênfase da dor das feridas do abandono para sua transformação em calor e cintilações.

C.G. Jung, em seu trabalho *On the Nature of the Psyche* (Sobre a Natureza da Psique), descreve a formação da luz de ilhotas que se reúnem em arquipélagos e estes em continentes:

> *As we know from direct experience, the light of consciousness has many degrees of brightness and the ego-complex many gradations of emphasis. On the animal and primitive level there is a mere "luminosity", differing hardly at all from the glancing fragments of a dissociated ego. Here, as on the infantile level, consciousness is not a unity, being as yet uncentered by a firmly-knit ego-complex, and just flickering into life here and there, wherever outer or inner events, instincts and affects happen to call it awake. At this stage it is still like a chain of islands or an archipelago. Nor is it a fully integrated whole even at the higher and highest stages; rather, it is capable of indefinite expansion. Gleaming islands, indeed whole continents can still add themselves to our modern consiousness — a phenomenon that has become the daily experience of the psychotherapist. Therefore we would do well to think of egoconsciousness as being surrounded by a multitude of little luminosities.*[14]

("Como sabemos, por experiência direta, a luz da consciência tem muitos graus de claridade e o complexo do ego, muitas graduações de ênfase. No nível animal e primitivo, o que existe é uma mera "luminosidade", diferindo muito pouco dos fragmentos instáveis de um ego dissociado. Aqui, como no nível infantil, a consciência ainda não constitui uma unidade, não sendo ainda centralizada por um complexo de ego firmemente entretecido, e que fica penetrando, de forma vacilante, na vida, aqui e ali, onde quer que eventos internos ou externos, instintos e afetos aconteçam de despertá-la. Nesse estágio é ainda como uma cadeia de ilhas ou um arquipélago. Mas nem mesmo nos mais altos e elevados estágios ela chega a ser um todo completamente integrado; antes, é capaz de expansão indefinida. Ilhas resplandecentes, na verdade continentes inteiros podem ainda se adicionar à nossa consciência moderna – um fenômeno que se tornou a experiência diária do terapeuta. Por isso, faríamos bem em considerar a consciência do ego como sendo rodeada por uma multidão de pequenas luminosidades."

A seguir, justifica essa hipótese de luminosidades múltiplas em parte pelo *"quasi-conscious state of unconscious contents"* (estado quase-consciente dos conteúdos inconscientes), e em parte pela *"incidence of certain images which must be regarded as symbolical "* ("incidência de certas imagens que devem ser vistas como simbólicas"), dando como fontes dessas imagens sonhos e fantasias de indivíduos, mas também descrições em documentos históricos. Destaca citações de alguns dos alquimistas que descrevem a imagem de *scintillae* ("centelhas") surgindo como ilusões visuais na matéria-prima, sementes da consciência em formação. Daí passa ao exame de um outro motivo mas com o mesmo significado: imagens contendo muitos olhos (polioftalmia), em escritos alquímicos, na lenda de Argos e em uma visão de Santo Tomás de Aquino, em que lhe aparecia uma serpente cheia de olhos brilhantes. Na maior parte das vezes, o aparecimento dessas imagens é precedido por uma fase de calor e ressecamento que corresponde aproximadamente à *calcinatio* do processo alquímico, por meio da qual produz-se a *albedo* da matéria-prima. É oportuno lembrar a esta altura um dos títulos de Obaluaiê: "Baba Igbona" (Pai da Quentura), derivada da palavra *ina*, significando violento calor, fogo, associado à febre que acompanha as erupções na pele.[18]

Jung menciona ainda imagens de sonhos e fantasias do mesmo motivo encontradas freqüentemente na clínica, aparecendo como "... *the star-strewn heavens, as stars reflected in dark water, as nuggets of gold or golden sand scattered in black earth, as a regatta at night, with lanterns on the dark surface of the sea, as a solitary eye in the depths of the sea or earth, as a parapsychic vision of luminous globes, and so on*" ("... o céu estrelado, como estrelas refletidas na água escura, como pepitas de ouro ou ouro em pó disperso na terra negra, ou como uma regata noturna, com lanternas na superfície escura do mar, como um olho solitário nas profundezas do oceano ou da terra, como uma visão parapsíquica de globos luminosos, e assim por diante"). A estas belas imagens gostaria de acrescentar a imagem menos esteticamente favorecida da pele bexiguenta de Obaluaiê testemunhando, na coluna do corpo no eixo ego-*Self*, a estruturação da consciência.

A idéia que reúne falha, ferida, lacuna, dor (por abandono da totalidade indiscriminada) a fogo, calor, brilho e claridade (da consciência) é uma idéia arquetípica que pode ser encontrada em culturas tão diferentes da iorubá como a grega de Heráclito ("Brilho seco é a alma mais sábia e melhor"),[12] a dos alquimistas medievais (*scintillae aureae*), a dos hindus ("Purusha, o dos mil olhos")[14] e mesmo a dos chineses (onde, no livro de sabedoria I Ching, a forma do trigrama Li, fogo: |¦| sugere, pela insinuação de um espaço vazio numa estrutura compacta, uma linha fraca entre duas linhas fortes, "a natureza em sua radiância". Li apresenta também o sol de verão, cuja claridade, iluminando todas as coisas, permite que as pessoas se percebam umas às outras, e para o qual se voltam os homens sábios quando lhes toca a tarefa de governar.[23]

Essas amplificações das feridas da pele de Obaluaiê, associando-as ao fogo, coloca-nos em situação de poder discutir um outro aspecto fundamental desse arquétipo, sua possibilidade dinâmica conseqüente à sua ligação com Exu, ou, melhor dizendo, com seu Exu. Pois justamente o fogo é uma das representações desta divindade, presente simbolicamente em seu "assento", assinalado por uma vela acesa.[20]

Acontece que Exu é o PROCESSO, o elemento criado do Ser, o filho. Portanto tão eterno quanto o Ser presente nos movimentos respiratórios de Olórum, origem da criação e primeira forma criada. Possibilidade contida nas estruturas, ela mesma força estruturante capaz de ultrapassá-las e recriá-las novas.

Quando o Todo começou a mover-se – e esse começo é mítico, eterno, impensável, pois o Todo necessariamente já contém o movimento –, surgiu a primeira discriminação: móvel/imóvel, possibilitando a existência individualizada (dinâmica), discriminada mas não separada da existência genérica (estática).

Exu é a representação iorubá desse princípio dinâmico que possibilita a existência individualizada. A tradição, os mitos e rituais referentes a essa divindade descrevem suas "peripécias" e suas funções, e seu exame vai pouco a pouco desvelando um dos símbolos centrais na concepção nagô do universo: o sacrifício.[18, 20]

No sistema nagô, sacrifício integra a idéia de restituição, absolutamente indispensável para compreensão da interação (dialética) que harmoniza as forças cósmicas. Assim, se lembrarmos do mito de criação anteriormente mencionado, no "começo" era apenas o Ser, o éter, pura energia. Seus *movimentos respiratórios* é que deram origem à criação, por *condensação*. Essa transformação de energia em matéria implica dialeticamente a necessidade de uma transformação no sentido inverso: da matéria em energia. Toda energia "condensada" na matéria deve refluir para seu estado original. Este é o sentido da restituição: só assim novas formas poderão ser criadas e com elas a possibilidade do desenvolvimento *processual* do Todo. Isto tendo em vista a totalidade. Do ponto de vista do processo individual, contingencialmente desenvolvido no tempo, o sacrifício é a forma simbólica de restituição, enquanto a diferenciação ainda está se completando. E é necessário que a diferenciação individual se complete, que o indivíduo atinja sua plenitude porque o processo do Todo (expansão do Inconsciente Coletivo, do universo) necessita do desenvolvimento das partes (desenvolvimento da consciência). Por isso o sacrifício é aceito e a morte, adiada. Com intermediação de Exu, é claro. Exu, como representante de todo elemento criado, é o próprio sacrifício e o que sacrifica, mas também é aquele a quem o sacrifício é oferecido. Há uma identidade entre o Filho e o Pai, mas trata-se de uma dualidade na unidade.

Assim Exu participa da essência de todo ser criado, seja ele divino seja humano, abstrato ou concreto, no *orum* ou no *aiê*, sendo o responsável pelos contornos de seu destino individual. Por polarizar com a existência genérica (estrutura, ordem) Exu, princípio da existência individual (estrutura, desordem), tem sido objeto de distorções que levam a confundi-lo com o puramente negativo.

"Exu é, para nós, o elemento dialético do cosmos", afirma Roger Bastide.[3] Está em toda parte, "é ser-força que participa e pertence a todos os domínios existentes".[20]

Os orixás são entidades que também "um dia" foram criados, portanto cada um deles tem o seu Exu individual, particular, quer dizer, seu dinamismo próprio, inconfundível. No caso de Obaluaiê, o caráter de intermediador de Exu, dono dos caminhos e das encruzilhadas, assume a expressão peculiar de "senhor das aberturas" (das feridas). Em uma nota de R. Bastide lemos que: "O mesmo caráter de senhor das aberturas que faz comunicar o humano e o divino, é encontrado nos cânticos de Legba (Exu) no Haiti:

Papa Legba barrié pour moi, ago-ê

Papa Legba ouvri chimin pour li, ago-ê

Poderíamos então pressentir a ação da dupla Exu-Obaluaiê na transferência, provocando o rompimento das barreiras que estejam obstruindo a relação, sendo que o surgimento de sintomas na pele seria sua linguagem expressiva, assinalando vicissitudes na trajetória dos símbolos dessa relação ao se encaminharem para a consciência, onde irão estabelecer uma nova ordem."

MEIO DE NOVO
(Sensação Extrovertida)

Textos que podem ser considerados clássicos na literatura psicossomática (Franz Alexander, Jean Delay, Weiss & English, Grinker & Robbins, Leopold Bellak) destacam a pele como "órgão importante para a expressão emocional" (Alexander),[1] que por poder ser vista e tocada, "constitui um meio de comunicação interpessoal" (Leopold Bellak),[4] servindo como receptor e condutor, transmitindo e despertando emoções. Eventualmente as lesões da pele "podem também expressar comportamento" (Weiss & English), com "fatores emocionais sendo responsáveis por alterações mais permanentes na pele".[22] O caminho que leva "da emoção à lesão", descrito por Jean Delay, postula que "a linguagem emocional, da mesma forma que a verbal, depende de mecanismos cerebrais",[8] remetendo-nos à origem embrionária comum da pele e do sistema nervoso, a partir do mesmo folheto germinativo (ectoderma). Como "fronteira do corpo, sobre ela se projetam diversas sensações vindas dos órgãos internos. Recebe também a maior parte das impressões sensoriais vindas do exterior. É um órgão muito sensível e adaptado à expressão dos sentimentos" (Grinker & Robbins).[9]

Todos os autores revistos dão destaque para um componente essencial da patologia psicossomática da pele: a visibilidade de suas alterações com repercussões emocionais importantes para o portador no que diz respeito à imagem corporal, à auto-estima, como também para o observador de fora, mobilizando conteúdos que diríamos "contratransferenciais". Os autores falam em um "complexo de leproso" para caracterizar conteúdos fortemente carregados de emocionalidade ligados às doenças da pele. O enfoque porém recai mais sobre a reação afetiva no portador da lesão ao ser observado e quase nada referente aos efeitos sobre o observador de fora (aí incluídos os próprios autores citados). Acho que o "complexo de leproso" pertence à relação observador-observado, é uma criação dela e só pela abertura bilateral de, e para, suas feridas pode ser curado. A postura do médico que não se abre para a ferida em si próprio ou que não se deixa ferir, pode retardar ou mesmo impedir a emergência do médico (forças curativas próprias) no ferido.[10]

Sinto necessidade de ver mais a pele como símbolo, permanentemente ativo ao longo do processo de individuação, podendo estruturar (ou desestruturar) a consciência, expressando-se criativamente tanto através da patologia como da normalidade.

Preciso porém deixar bem explícito que estou usando os termos "símbolo", "simbólico", "simbolizador", "simbolização" etc., em suas acepções mais abrangentes. De forma que símbolo é tudo que funciona como elemento de ligação entre o inconsciente e o consciente. O símbolo traz conteúdos do inconsciente para a consciência, podendo assumir expressões abstratas (vivência do símbolo através das colunas das idéias e emoções e das relações interpessoais, no eixo ego-*Self*) ou concretas (coluna do corpo, coluna da natureza). Simbólico é portanto todo elemento que estrutura (mas que pode também desestruturar) a consciência ao colocá-la em ligação com o inconsciente.

Assim, a pele é um símbolo (concreto) que tem um papel dos mais centrais para a estruturação da consciência dentro do dinamismo matriarcal ao longo de toda a nossa vida.

Quando nascemos, naquela fase em que somos quase que apenas nosso corpo (*body-self*),[17] é também quase que exclusivamente através da pele que a consciência vai-se formando. A relação com a mãe – e nessa fase da vida do bebê tudo é mãe, não há possibilidade de estabelecer contato com ele (bebê) senão como mãe – é uma relação essencialmente de pele, onde esta exerce em plenitude sua grande capacidade discriminadora, sendo ela própria já uma grande discriminação (separação) entre o indivíduo-filho e o todo-mãe. Discriminação, no contexto dessa fase do desenvolvimento, conserva as características dos princípios que regem seus dinamismos, como o prazer, a sensualidade, o afeto, a nutrição e todos os cuidados relacionados com a conservação da vida como dominantes fundamentais. A nutrição é um dos símbolos centrais nessa fase: todo o corpo precisa ser alimentado para poder crescer, e com ele a consciência; a pele, por seu turno, tem seu alimento específico – o contato, com todas as suas nuances de temperatura, maciez, pressão, movimento, umidade etc., indispensáveis para o indivíduo desenvolver sua capacidade de erotizar-se e erotizar, na relação consigo mesmo e com o outro, como caminho de estruturação da consciência. Isto, conforme nos informa Leboyer em seu livro *Shantala – Un art traditionnel – Le massage des enfants*,[15] as mães indianas parece que já compreenderam, ao aplicarem sistematicamente em seus bebês uma técnica especial de massagem.

Se o desenvolvimento da consciência pode prosseguir em condições normais, isto é, sem grandes adversidades existenciais, a pele apenas necessita de suas aberturas naturais – poros, boca, olhos, narinas, ouvidos, ânus, genitais – para desempenhar seu papel estruturante como zona erógena e "gnoseógena".[17] Nessas condições, a pele e suas descontinuidades funcionam simbolicamente como oportunidades (do latim *apperire* – abrir) de contato entre consciente e inconsciente, com Exu fazendo as vezes de simples porteiro (num sincretismo com os santos da igreja católica, Exu é assimilado, em algumas regiões do Brasil, também a São Pedro, porteiro do céu): o eixo ego-*Self* está livre de conflitos.[29]

Há momentos, porém, em que a existência interfere contingencialmente no processo, alterando a permeabilidade do sistema: surgimento de defesas ao longo do eixo ego-*Self*. As afecções da pele podem sinalizar essas ocorrências, e seriam comparáveis talvez a epifanias de Obaluaiê/Omolu/Xapanã, com seus Exus – forças curativas arquetípicas no interior do sistema –, mobilizados agora para reabrir os caminhos obstruídos. Pelo menos para criar um caminho alternativo que garanta a continuidade do desenvolvimento, mesmo que com redução da eficácia. Pois o padrão de enrijecimento, a formação defensiva, permanece. A cicatriz fica. Literalmente como cicatriz na coluna do corpo, mas podendo diversamente localizar-se em qualquer outra coluna – como idéias e emoções, ou no relacionamento eu/tu – o tecido cicatricial não tem mais da pele a mesma elasticidade, permeabilidade, beleza. Cumpre apenas suas funções de invólucro e garante a sobrevivência.

Durante a análise, feridas e cicatrizes são reativadas, podendo surgir no corpo ou em qualquer outra coluna do eixo ego-*Self*. "Sinais" de Obaluaiê, Omolu, Xapanã irrompem na simbiose transferencial, e é necessário que o médico se deixe ferir por eles, para que no ferido possa emergir o médico.

Na clínica, alguns destes "sinais" são muito evidentes e por isso mesmo fáceis de detectar, embora nem sempre seja fácil trabalhá-los. Tudo depende de existirem ou não defesas. Mas um rubor ou uma palidez súbitos, uma coceira ou uma transpiração excessiva dificilmente passam despercebidos e representam portas de entrada para elaboração de material transferencial. Mas, se apurarmos nossa sensibilidade (nossas feridas) e se estivermos realmente ligados nesse símbolo importantíssimo que é a pele e suas alterações durante o processo analítico, poderemos detectar, no analisando mas também no analista, inúmeros fenômenos, nem sempre de natureza patológica, sinalizando intercorrências significativas na simbiose transferencial. O próprio estado em que a pele se encontra na primeira entrevista já permite toda uma leitura de como anda o funcionamento dos dinamismos estruturantes dos diversos ciclos do desenvolvimento naquela personalidade. Neste sentido, pode ser muito útil valorizar como significativa no início ou durante todo o decorrer da análise a presença ou o aparecimento de odores (naturais ou artificiais, agradáveis ou desagradáveis), manchas, vincos, rugas, descamações, erupções, rachaduras, hipocromias, hiperpigmentações, arranhões, cicatrizes, sangramentos etc. – ao lado das patologias dermatológicas propriamente ditas, como eczemas, pruridos, dermatites factícias, acne etc., extremamente ricas de conteúdo simbólico. Também vivências subjetivas na pele podem conter material transferencial, tais como: percepção de zonas de maior ou menor sensibilidade, adormecimentos, formigamentos, dor, frio, arrepios, horripilação, boca seca, maciez, aspereza, oleosidade, friabilidade etc. A lista seria enorme, e não pretendo ser exaustivo; apenas desejaria não deixar de mencionar uma outra vertente de símbolos ligados à pele e aos seus anexos e que dizem respeito aos cuidados a eles dispensados: corte de cabelos, depilação, penteados, uso de cosméticos, tamanho em que são deixadas as unhas, cirurgias plásticas, tatuagens, exposições de áreas menores ou maiores da superfície epidérmica ou de determinados segmentos do corpo etc., cujas alterações no contexto da transferência podem ser muito relevantes.

Gostaria de apresentar agora, à guisa de ilustração do que viemos dizendo até aqui, exemplos recortados de casos clínicos publicados na literatura e da experiência de consultório.

Franz Alexander menciona um caso em que uma paciente de 22 anos, solteira, sofria de eczemas desde os oito dias de nascida. Durante a gestação da paciente, sua mãe perdera um filho de sete anos e tinha sido deixada pelo marido. Entregue a parentes, a infância da paciente foi uma infância de criança abandonada. Ao relatar o seu tratamento, Alexander faz menção, entre outras coisas, ao surgimento, na transferência, de "uma agravação das lesões cutâneas, simultânea à demonstração que a doente fazia, por todos os meios, de seu medo de ser abandonada pelo analista e de uma culpa por seus sentimentos hostis e eróticos em relação ao mesmo".[1]

Grinker & Robbins contam o caso de uma moça, a mais nova de dois irmãos, criada numa família em que "o traço mais marcante era a incoerência" e que estimulava a competitividade entre os irmãos, com o favorecimento do irmão mais velho. A mãe da paciente tinha uma cegueira histérica e, devido a esse fato, os contatos corporais com a filha tinham sido muito precários. No decorrer do tratamento, o primeiro ataque de dermatite teve lugar no terceiro mês, no dia em que a paciente avistou num restaurante o psiquiatra e sua esposa".[9]

Uma cliente de aproximadamente trinta anos, com defesas intelectuais importantes, sobretudo as racionalizações, tem uma história de vida de muita repressão, da qual fazem parte vários episódios em que, na infância, foi severamente espancada. Em sua vida adulta, observa o aparecimento de manchas violáceas por todo o corpo, semelhantes a equimoses, sempre que experimenta sentimentos hostis que não consegue expressar e que posteriormente direciona contra si própria em ataques de autodepreciação. O surgimento dessas manchas no decorrer da análise e a possibilidade de vivenciar e elaborar sua agressividade com o analista abriram caminho para uma transformação de sua atitude hostil em relação ao mundo. As manchas que se assemelhavam a equimoses conseqüentes a espancamentos desapareceram.

Um colega relata um caso de uma cliente, com uma fixação patriarcal séria, que apresenta como sintoma a retirada de fragmentos da pele, expondo a carne viva de determinados segmentos do corpo, a fim de retirá-los, já que considera seu aspecto errado. O analista, intensamente mobilizado, começa a reproduzir em sua própria pele o sintoma da paciente e, ao dar-se conta desse fato, inicia uma revisão profunda de toda a dinâmica do caso. Com isto, a análise, que encontrava sérias dificuldades para progredir, pôde retomar sua fluência.

São apenas alguns exemplos. Não pretendo provar nada com eles. Apenas despertar para o problema, lembrar como é freqüente que a pele se comporte como um espelho, refletindo o que está acontecendo na terapia, não apenas do lado do cliente, mas também do lado do analista.

FIM
(Função Inferior: Pensamento Extrovertido)

> *Nourrir l'enfant?*
> *Oui*
> *Mais pas seulement de lait.*
> *Il faut le prendre dans les bras*
> *Il faut le caresser, le bercer.*
> *Et le masser.*
> *Ce petit, il faut parler à sa peau*
> *Il faut parler à son dos*
> *qui a soif et faim*
> *autant que son ventre.*
> *(Frédérick Leboyer)*[15]

A pele é um tesão. Toda pele e toda a pele. Somente a pele maltratada, isto é, mal-amada, mal transada não é zona erógena, não é capaz de evocar Eros. De resto, os mais ou menos 450 centímetros quadrados da pele que recobrem nosso corpo podem formar um grande órgão sexual – isto é, vital – que pode responder com enorme e diferenciada sensibilidade ao contato com a vida: com o sol, a chuva, o mar, o vento, a casca da árvore, a grama molhada, o pêlo de um gato, a água morna do banho, a pétala de uma flor, uma pedra, a areia macia, a seda, a lã, mas acima de tudo a pele de outro ser humano. Relacionar-se com o mundo através da pele é relacionar-se com ele eroticamente, mas relacionar-se eroticamente com o outro ser humano é relacionar-se com a própria vida através da pele.

Exu e Obaluaiê encontram-se na pele. Na liturgia nagô eles se encontram em muitos pontos, são colocados com freqüência em associação: o mesmo dia da semana lhes é consagrado – a segunda-feira (a Exu por ser o primeiro dia útil da semana e ele deve ser homenageado sempre em primeiro lugar; a Obaluaiê por uma questão de respeito maior e medo), a ambos é oferecido o mesmo alimento – as pipocas (a Exu por seu caráter irreverente, "infantil"; a Obaluaiê, em memória de suas feridas, ou "pipocas" em linguagem popular); os dois têm como característica essencial o fato de serem filhos (Exu a nível cósmico, Obaluaiê a nível terreno).

Na pele, o símbolo do filho do elemento criado da existência atinge um máximo de expressividade. É a pele que possibilita a existência individualizada, destacada do todo, mas ao mesmo tempo a ele unida e em permanente troca. Obaluaiê e Exu – filhos – encontram-se na pele, como consistência e porosidade, matéria e espírito. Um inimaginável ser sem pele erraria pelo mundo como um fantasma ambulante, nunca seria um filho.

É por isso que o contato da pele com outra pele é tão numinoso: ao mesmo tempo que estrutura nossa identidade individual, assegura a possibilidade de continuarmos unidos ao todo, representado simbolicamente pelo "outro". O reconhecimento, através da pele, de que não somos seres ilhados é um dos componentes essenciais do tesão. E não estou-me referindo à vivência de fusão, onde justamente a consciência individual se dissolve no contato com esse todo simbólico que é o outro, já não se sabendo de quem é a pele de quem. Falo do tesão, uma experiência muito mais abrangente e da qual a fusão pode até participar, como um dos tempos, a que se segue o emergir de uma nova consciência, mais diferenciada – dualidade na unidade.

Na adolescência, quando a consciência, seguindo seu desenvolvimento arquetípico, se abre para essas vivências de dualidade na unidade, a pele está no auge. A pele adolescente tem uma textura, um brilho, que não se encontram mais nas outras épocas da vida. A não ser quando a pessoa se apaixona. Daí tudo muda naquela pessoa. Também a qualidade da pele é outra, como que recuperando a luminosidade da adolescência.

Mas não quero mais falar da pele agora. É um símbolo e, como tal, inesgotável. Tenho consciência de que disse apenas umas duas ou três coisas das muitas que poderiam ser ditas a seu respeito. Mas essas coisas que disse fizeram muito sentido para mim. Foi uma viagem por demais envolvente a elaboração deste trabalho. Olho agora para minha própria pele e sinto que minha relação com ela mudou. Vejo-a diferente. Lembro de tudo pelo que ela já passou. Ao que já a submeti! Olho para o trabalho e o vejo pronto: não concluído, esgotado, terminado; mas aberto, poroso, querendo ser. Gostaria que a minha pele também já estivesse assim. Mas sinto que ainda tenho de dar a ela muito mais do que dei até agora, amar esta pele. Permitir que ela se exerça em sua função estruturante, que se descubra na vida – no fundo é ela mesma, o médico ferido, quem vai se resgatar: minha luta com as defesas é muito mais uma questão de deixar-lhe o caminho livre, desobstruí-lo para que ela possa ser, integralmente, como pele.

Sinto meu coração disposto para essa luta. Minha pele está (quase?) pronta. Não sei quando, não sei onde, não sei como. Meu amor vem. Atotô, Obaluaiê! Laroiê, Exu!

São Paulo, 23 de julho de 1983.

Agradecimentos:

Um grande abraço de agradecimento a Glauco, meu orientador neste trabalho; a Mery e Nairo, meus analistas; a Iraci, Byington, Lacaz, Lu e Walter, meus professores durante o curso de formação da SBPA e amigos o tempo todo.

Um grande carinho às pessoas que foram lendo o manuscrito e que falaram que estava bom, que era por aí mesmo, ou que não, e deram sugestões. Foram muito importantes para eu ir até o fim.

Referências bibliográficas

ALEXANDER, F. *La Médecine Psychosomatique.* Paris: Payot, 1952. (1)

ARAIA, E., ed. *Os orixás,* edição especial da revista *Planeta,* São Paulo, nº 126-B, sem data. (2)

BASTIDE, R. *O candomblé da Bahia.* São Paulo: Editora Nacional, 1978. (3)

BELLAK, L. *Psicologia de las Enfermedades Organicas.* Buenos Aires: Hormé, 1965. (4)

BYINGTON, C. *Símbolo, identidade e self cultural.* Salvador: 1982 (conferência preparada para o SECNEB II), mimeografado. (5)

BYINGTON, C. *Genuineness as Duality in Unity.* Zurique: C. G. Jung Institute, 1965. (Graduation Thesis) (6)

CACCIATORE, O. G. *Dicionário de cultos afro-brasileiros.* Rio de Janeiro: Forense-Universitária, 1977. (7)

DELAY, J. *Introducción a la Medicina Psicosomática.* Barcelona: Toray-Masson, 1965. (8)

GRINKER, R.R. & Robbins, F.P. *Cliniques Psychosomatiques*. Paris: Presses Universitaires de France, 1959. (9)

GROESBECK, C. J. "The Archetypal Image of the Wounded Healer", *Journal of Psychoanalitical Psychology*, 20:2, 1975. (10)

GUGGENBÜHL-CRAIG, A. *O abuso do poder*. Rio de Janeiro: Achiamé, 1978. (11)

HERÁCLITO. *In*: SOUZA, J.C. *Os pré-socráticos*. São Paulo: Abril, 1973 (Corresponde a DK 22-B, fragmento 118). (12)

JUNG C.G. *Symbols of Transformation*. Collected Works. Princeton, N.J.: Princeton Univ. Press, 1976, vol. 5. (13)

_____. *The Structure and Dynamics of the Psyche*, Collected Works. Princeton, N.J.: Princeton Univ. Press, 1976, vol. 8. (14)

LEBOYER, F. *Shantala – Un art traditionnel – le massage des enfants*. Paris: Seuil, 1980. (15)

NEUMANN, E. *The Origins and History of Consciousness*. Nova Iorque: Bollingen Senes XLII, 1948. (16)

_____. *The Child*. Nova Iorque: Putnam's Sons, 1973. (17)

SANTOS, J.E. *Os Nagô e a morte*. Petrópolis: Vozes, 1977. (18)

_____. Entrevista ao *Pasquim*. Rio de Janeiro, ano XIV, n° 723, 5 a 11 de maio de 1983. (19)

TRINDADE, L.M.S. "Exu: Poder e Magia". *In*: MOURA, C.E.M. de. *Olòòrisà – Escritos sobre a religião dos orixás*. São Paulo: Ágora, 1981. (20)

VERGER, P. *Orixás*. Salvador: Corrupio, 1981. (21)

WEISS, E. & ENGLISH, O.S. *Psichosomatic Medicine*. Filadélfia e Londres: W.B. Saunders, 1949. (22)

WILHELM, R.. Translation — The *I CHING*. Londres: Routledge & Kegan Paul, 1980. (23)

LOROGUM — IDENTIDADES SEXUAIS E PODER NO CANDOMBLÉ *

Maria Lina Leão TEIXEIRA**

Introdução

Os terreiros de candomblé têm sido percebidos por estudiosos, literatos e público de maneira geral como espaços primordialmente femininos. Desde o final do século XIX e início deste, a visão de Nina Rodrigues e Xavier Marques permaneceu subjacente aos escritos de Edson Carneiro, Ruth Landes, Roger Bastide, Pierre Verger e Jorge Amado, entre outros.

O prestígio alcançado por mães-de-santo como Senhora do Axé Opô Afonjá, Menininha do Gantois e Olga de Alaketu reforça a concepção do terreiro de candomblé enquanto "cidade das mulheres".

Paralelamente, outro aspecto foi sendo disseminado, a partir das crônicas de João do Rio: os terreiros são "antros de libidinagem", "de perdição", "homossexualismo" etc. O sucesso de alguns pais-de-santo, como Joãozinho da Goméia, contribui substancialmente para a cristalização desta imagem. Além disso, os meios de comunicação, primeiramente os jornais e agora também a TV, sublinham e caricaturam tais características.

---

* Adaptação de capítulo da dissertação de mestrado aprovada em 1986 no Instituto de Filosofia e Ciências Sociais da Universidade Federal do Rio de Janeiro.
** Doutora em Antropologia Social pela Faculdade de Filosofia, Letras e Ciências Humanas da USP. Professora aposentada da UFRJ e prof.ª visitante com bolsa do CNPq, no Programa de pós-graduação em Ciências Sociais da UFRN.

Minha intenção aqui é repensar o candomblé como território masculino, focalizando o estreito relacionamento colocado anteriormente (Leão Teixeira, 1986) entre identidades sexuais[1]/divisão de trabalho/poder.

Deste modo, a sexualidade e suas representações nas casas-de-santo são vistas como mecanismos ou estratégias de poder. A existência de quatro identidades sexuais e de seus respectivos papéis, reconhecidos e legitimados no âmbito do "povo-de-santo"[2] de Salvador e do Rio de Janeiro, conduz à necessidade de pensá-las como parte de um sistema classificatório. Isto por sua vez leva a considerá-las como manifestações do poder inerente ao ato de classificar, que, por si, subentende uma hierarquização, assim como um *ethos* e uma visão de mundo particulares.

As identidades e os papéis sexuais estão, portanto, inscritos no domínio do social e do cultural. No que concerne aos terreiros de candomblé, é necessário admitir que os valores específicos e do "povo-de-santo" somam-se ou fundem-se às idéias dominantes na sociedade mais ampla. Não se pode falar de um sistema simbólico independente, mas sim da reprodução ou reinterpretação, parcial ou integral, do discurso hegemônico sobre a questão da sexualidade e de seu exercício, presente na sociedade brasileira abrangente (Fry, 1982).

As articulações entre domínios ou mundos diferenciados – o dos terreiros e o dos centros urbanos – são responsáveis por um discurso próprio e um sistema peculiar de relações sociais. Não obstante, ambas as instâncias refletem a situação

---

1. Define-se identidades sexuais como as experiências particulares dos papéis sexuais, sendo estes a expressão pública da sexualidade (Tucker & Money, 1972). Neste sentido, as identidades sexuais marcam as identidades sociais, o que é regulado e codificado pelo *ethos* e a visão de mundo do "povo-de-santo".

2. As palavras e expressões entre aspas fazem parte do "dialeto do santo", linguajar específico dos terreiros de candomblé. A expressão "povo-de-santo" é uma abstração que serve para designar os que crêem e praticam uma das modalidades dos cultos afro-brasileiros.

subordinada dos grupos religiosos estudados em pesquisa realizada em casas-de-santo, de diferentes "nações" ou autoclassificações, localizadas nas zonas urbana e periférica das cidades do Rio de Janeiro e Salvador (Leão Teixeira, 1986). Cabe salientar que este estudo compreendeu basicamente dois níveis, numa adaptação da metodologia de Turner (1971):

– o do falar – entrevistas formais e informais com participantes de *status* diferenciados na organização social dos vários terreiros pesquisados; anotações dos ditos e das cantigas jocosas que permeiam o cotidiano das casas-de-santo e são momento maior de descontração e lazer (a Roda de Samba); longas conversas nos intervalos dos rituais, cujos temas usualmente se referem às histórias dos *orixás* e à vida amorosa – "as transações" – dos "macumbeiros",[3] presentes e ausentes;
– o do agir – verificação do posicionamento dos princípios de classificação sexual na vivência ritual, ou seja, na "Roda de Santo" ou "Xirê", a festa pública religiosa do candomblé, e na "Roda de Sambà" ou "Brincadeiras", a festa restrita, o lazer do "povo-de-santo". A interpretação desses dados forneceu – com relação ao falar: as definições das categorias classificatórias da sexualidade, quais sejam: *homem* ("homem que gosta de *mulher*"; "homem mesmo"): *adé/adé fontó* ("homem que gosta de *homem*"; "veado", "bicha" e ainda "viciado"); e *monokó/mona do aló* ("mulher que gosta de mulher"; "sapatão", "viciada"). Forneceu também a importância do relacionamento entre uma sexualidade humana e uma sexualidade mítica, já que as histórias dos *orixás* são utilizadas também para explicar os papéis sexuais: "Se *Oxumaré* é, por que eu não posso ser?..." (Lauro). É sabido que estas histórias informam as relações entre os entes sobrenaturais e os humanos e que a sua introjeção marca o processo iniciático e as relações sociais dos adeptos (Augras, 1983; Maggie e Contins, 1980; Santos, 1976 e 1981).

---

3. Maneira carinhosa e jocosa de autodefinição dos adeptos.

Além disso, mostrou a importância do "dialeto do santo", de uma maneira específica de falar, enquanto sinal diferenciador de uma identidade específica, e de membro do "povo-de-santo" – com relação ao agir: a significância do ser *homem, mulher, adé ou monokó* nas instâncias religiosa e não-religiosa dos terreiros e suas implicações no jogo de poder – no "lorogum"[4] – que permeia as relações sociais nesses grupos religiosos.

É conveniente lembrar que, apesar de existir uma possível "defasagem" entre a "prática" e as representações (Fry, 1982), a relação entre poder e exercício da sexualidade nos terreiros se encontra manifesta sobretudo na divisão social do trabalho litúrgico e cotidiano.

Para caracterização e análise do "povo-de-santo" estudado, foi necessário utilizar o conceito de rede social (Both, 1976), devido, primeiramente, à variedade de unidades de informação (entrevistados e terreiros) e, em segundo lugar, ao fato de que grande parte do tempo das pessoas-de-santo é preenchida por relacionamentos implícitos na fé e na família-de-santo (Costa Lima, 1977),[5] os quais ultrapassam os contornos espaciais de cada casa-de-santo. Sua complexidade não diz respeito apenas a um terreiro, pois atinge os diversos grupos de culto e as relações destes com as várias esferas da sociedade abrangente. Assim, os "macumbeiros" objeto desta pesquisa (v. Quadros A e B), apesar de suas diferentes procedências, compartilham interesses, crenças e modo de vida,

---

4. Expressão de uso corrente nas casas-de-santo e que se refere a conflito, discussão, competição entre adeptos e/ou terreiros. É também o nome de uma cerimônia religiosa que celebra e atualiza as contendas entre os *orixás* (Ver Almeida, 1954; Santos, 1962).

5. Costa Lima (1977) investiga grupos de candomblé da Bahia, relacionando o plano religioso e ritual com a organização e estratificação presentes nos terreiros. Aponta a família-de-santo como responsável pela rede de relacionamentos e pelos referenciais sociais, assim como pela inserção dos participantes de um terreiro no conjunto do "povo-de-santo", e conseqüentemente, pelo enquadramento social mais amplo.

QUADRO A – PERFIL DOS INFORMANTES
SEGUNDO SUA INSERÇÃO NA SOCIEDADE ABRANGENTE

Informante	Idade	Natural	Moradia atual	Estado Civil	Nível de Instrução	Profissão	Autoclassificação de "cor"
Alice	47	SP	RJ/SP	Desquitada*	1º Ciclo Completo	Vive do Santo (ex-corista)	Branca
Bené	42	Ba	RJ	Solteiro	1º Ciclo Completo	Suboficial da Marinha	Mulato
Carmem	54	Se	RJ	Casada*	1º Ciclo Incompleto	Costureira diarista	Negra
Dario	42	RJ	RJ	Solteiro**	1º Ciclo Completo	Desenhista	Branco
Elza	63	RJ	RJ	Casada*	1º Ciclo Completo	Aposentada (func. pública estadual)	Negra
Félix	65	Ba	Ba	Casado*	1º Ciclo Incompleto	Aposentado (ex-comerciante)	Negro
Gustavo	27	Ba	Ba	Solteiro***	1º Ciclo Incompleto	Vive do Santo (ex-comerciante)	Mulato
Honório	28	Ba	Ba	Solteiro***	1º Ciclo Incompleto	Vive do Santo (ex-comerciante)	Mulato
Inácio	30	RJ	RJ	Solteiro	1º Ciclo Completo	Telefonista	Mulato
Jonas	24	RJ	RJ	Solteiro	3º Ciclo Incompleto	Estudante (Enfermagem)	Branco
Lauro	31	RJ	RJ	Solteiro	3º Ciclo Completo	Bancário (Curso de Ciências Sociais)	Branco
Márcio	42	Pi	RJ	Casado*	3º Ciclo Completo	Bancário (Curso de História)	Branco
Nair	27	RJ	RJ	Casada*	1º Ciclo Completo	Dona de casa	Mulata
Olavo	45	RJ	Ba	Casado*	3º Ciclo Completo	Professor universitário	Branco
Pequena	67	RJ	RJ	Casada*	Analfabeta	Vive do Santo (ex-empregada doméstica)	Negra
Quininha	32	RJ	RJ	Casada*	1º Ciclo Completo	Auxiliar de Enfermagem	Negra
Raimundo	66	Ba	RJ	Casado*	1º Ciclo Incompleto	Auxiliar de Enfermagem	Mulato
Salvador	28	RJ	RJ	Solteiro	3º Ciclo Completo	Pesquisador autônomo	Mulato
Tereza	50	Ba	RJ	Solteira***	1º Ciclo Completo	Vive do Santo	Negra
Ursulina	34	Pe	RJ	Casada*	2º Ciclo Completo	Professora primária	Negra
Valdo	30	RJ	RJ	Desquitado*	1º Ciclo Completo	Biscateiro	Branco

* Possui filhos.
** Tem filhos de diferentes relacionamentos
*** "Casado" com pessoa do mesmo sexo

QUADRO B – PERFIL DOS INFORMANTES DE ACORDO COM SUA INSERÇÃO NO GRUPO DE CANDOMBLÉ

Informante	Nação (Autodenominação)	Tempo de Iniciação (anos) Idade do Santo	Posição Hierárquica no Terreiro	Sexo Biológico	Sexo Social	Orixá Principal	Relação do Sexo Biológico Sexualidade mítica
Alice	jeje-nagô	25 (3)	Mãe-de-Santo	F	Mulher (1)	Iansã	Fem/Iabá
Bené	ketu-efam	16 (3)	Pai-de-Santo	M	Adé (1)	Oxum	Mas/Iabá
Carmem	ketu-efam	12 (3)	Mãe Pequena	F	Mulher (1)	Oxóssi	Fem/Aborô
Dario	ketu-efam	11 (3)	Pai Pequeno	M	Homem (1)	Obaluaiê	Mas/Aborô
Elza	ketu	23 (3)	Mãe-de-Santo	F	Mulher (1)	Oxalá	Fem/Aborô
Félix*	egungum	45	Ojé	M	Homem (1)	Oxumarê	Mas/Metá-metá
Gustavo**	ketu	5	Abiã	M	Adé (1)	Oxóssi	Mas/Aborô
Honório	ketu	10 (3)	Ebomi	M	Adé (1)	Obaluaiê	Mas/Aborô
Inácio	ketu	13 (3)	Pai-de-Santo	M	Adé (2)	Oxum	Mas/Iabá
Jonas	ketu	5 (4)	Iaô	M	Homem (1)	Oxóssi	Mas/Aborô
Lauro	jeje-nagô	5	Bagigã	M	Adé (1)	Iansã	Mas/Iabá
Márcio	ketu	12 (3)	Ebomi	M	Homem (1)	Xangô	Mas/Aborô
Nair	ketu	8 (4)	Iaô	F	Mulher (1)	Iemanjá	Fem/Iabá
Olavo	ketu	6	Ogã	M	Homem (1)	Xangô	Mas/Aborô
Pequena	angola	40 (3)	Mãe-de-Santo	F	Mulher (1)	Oxóssi	Fem/Aborô
Quininha	angola	10 (3)	Mãe Pequena	F	Mulher (1)	Ossaim	Fem/Aborô
Raimundo	ketu	45	Ogã Alabê	M	Homem (1)	Xangô	Mas/Aborô
Salvador	angola	6	Ogã	M	Homem (2)	Logunedé	Mas/Metá-metá
Tereza	angola	42	Ekedi	F	Monokó (1)	Xangô	Fem/Aborô
Ursulina	ketu	4	Ekedi	F	Mulher (1)	Oxum	Fem/Iabá
Valdo	angola	8 (4)	Iaô (4)	M	Homem (1)	Ogum	Mas/Aborô

(1) Assumida
(2) Atribuída
(3) Obrigação de sete anos cumprida
(4) Obrigação de três anos cumprida
* Pertencente ao culto do Egungum, no qual ocupa cargo importante na hierarquia
** "Casado" com Honório, abandonou o comércio para dedicar-se ao santo e ainda não se decidiu quem vai "raspá-lo", apesar de já estar construindo a Roça, pois "tem cargo de pai-de-santo", e de "fazer trabalhos" fora da cidade de Salvador no ritual Ketu.

REDE DE RELACIONAMENTOS ENTRE OS ENTREVISTADOS

ENTREVISTADOS	A	B	C	D	E	F	G	H	I	J	L	M	N	O	P	Q	R	S	T	U	V
A			•	•	•				•	•							•	•	•	•	•
B			•	•					•								•				
C		•		•					•	•							•			•	
D	•	•	•						•	•	•						•			•	
E	•			•		•			•	•	•	•	•	•			•			•	
F	•			•			•	•	•	•	•		•				•			•	•
G					•			•	•	•	•		•				•			•	
H				•	•				•		•		•				•			•	•
I			•	•	•			•		•	•		•	•			•		•	•	•
J		•		•	•	•	•	•			•	•					•			•	•
L	•		•	•	•	•				•				•	•		•			•	•
M	•		•	•	•	•	•	•	•		•						•			•	•
N				•			•	•		•		•		•	•	•			•	•	
O			•	•	•	•			•								•				
P							•				•			•		•			•		
Q									•			•	•		•					•	
R	•	•	•	•	•	•	•	•	•	•	•	•	•	•	•			•	•	•	
S	•								•								•			•	•
T	•				•		•	•	•		•	•					•			•	•
U	•		•	•	•	•	•	•	•	•	•	•	•		•	•	•	•	•		
V	•							•	•	•									•	•	

sendo seus respectivos terreiros "malhas" de uma rede social que se inter-relaciona, a despeito da diversidade socioeconômica que possuem (Fig. 1).

O discurso

A análise dos discursos dos rituais mencionados e a própria observação participante conduziram ao estabelecimento de um modelo ou de uma maneira de ser característica do "povo-de-santo". O conjunto das representações presentes nas linguagens oral e gestual é, pois, entendido como o quadro daquilo que pode ser pensado e vivenciado no âmbito dos terreiros.

A importância e a recorrência do fator sexual são pensadas como propiciadoras da correlação de forças – o jogo de poder – que permeia o relacionamento entre as diferentes identidades sexuais. Os comportamentos individuais dos adeptos do candomblé adquirem sentido por estarem ligados à sua realidade física e social.

A linguagem e o "sotaque"

"(...) a linguagem tanto diz como faz coisas. Depende de como é vista, de por quem é vista e de quando é vista" (Vogt, 1982). O falar transmite significados e categorias do meio religioso dos terreiros e da sociedade abrangente. Por isso nem todas as falas estão simbolicamente relacionadas de modo direto à vivência nas casas-de-santo.

Percebe-se um compromisso ou comprometimento duplo nos discursos: o que é falado exprime tanto a lógica interna do candomblé, esta baseada sobretudo nos princípios masculino e feminino que regem a divisão de trabalho e a hierarquia social, quanto remete a idéias dominantes no ambiente urbano.

Ser *homem, mulher, adé* ou *monokó* – sexualidade humana – na vivência cotidiana ou *aborô, iabá* ou *metá-metá* – sexualidade mítica – na instância sagrada são identidades que se complementam e trazem em si, implícitas, características de dois mundos: o dos terreiros e o da sociedade mais ampla. A vivência nesses dois mundos não pode ser dissociada, e como experiência complexa que é torna-se responsável pela adaptação e reinterpretação de bens simbólicos de ambas as realidades sociais. Então, a fala sobre as identidades sexuais permite ver o compromisso de quem fala enquanto membro de um "povo-de-santo" e participante de uma classe ou segmento social determinado.

As palavras e o modo de falar – "o dialeto do santo" — a língua ritual africanizada e a jocosidade marcam a distância e a legitimidade específicas dos "macumbeiros" enquanto indivíduos que possuem um estilo de vida próprio no conjunto maior da sociedade brasileira: "os do santo".

Para meus entrevistados, "ser do santo" significa algo mais do que ser homem, mulher, "bicha" ou "sapatão". Significa possuir uma identidade sócio-religiosa legitimada, e exercer uma posição de maior poder. Para eles, o fato de alguém "ser do santo" (iniciado) pode ser uma salvaguarda para os estigmas e discriminações usualmente dirigidos aos "homens que gostam de homens" e às "mulheres que gostam de mulheres", o que aliás já foi mostrado por Peter Fry (1982).

Em geral, as pessoas me disseram que o candomblé "não discrimina", "nem tem preconceitos" quanto à sexualidade: "Para procriar, eu preciso de um macho, para amar nem sempre... mas minha cabeça ainda está cheia de preconceitos; peito de mulher ainda me agride porque eu tenho um igual... mas eu acho que algum dia poderia me apaixonar por uma mulher" (Alice).

O *adé* Gustavo diz: "Estou no candomblé porque, entre outras coisas, aqui sou agente... ninguém diz nada." Ao que ajunta Inácio: "Não tem discriminações como em outros lugares, *em outras religiões.*" (grifo meu) Tais colocações reforçam a de Jonas: "Minha família tinha horror que eu entrasse no candomblé porque era antro de 'veados', puro preconceito. Os 'veados' vão para o candomblé porque são aceitos, as *monokós* também, ninguém diferencia ou discrimina. Tem *adé* de peitinho postiço e tudo, e eles são respeitados e considerados, são até bem machos, ninguém folga com eles."

O falar dos meus entrevistados enfatiza a dedicação: "Os *adés*, quando são bons, são ótimos, na casa-de-santo fazem tudo e bem-feito" (Nair). Vale notar que alguns deles, ao tentarem me explicar as categorias sexuais que pensam ser objeto de estigma e marginalização, lançaram mão de termos como "vício" (Inácio) e "viciados" (Félix). Embora assim o fizessem, afirmaram que os indivíduos com essas posturas sexuais são "pessoas como todas as outras", como nas seguintes colocações: "Veado para mim é estado de espírito, cada um faz o que gosta e quer... deve haver recato, ninguém tem nada a ver com o que cada um faz com seu corpo" (Elza); "dizem que as *monokós* viciam as iaôs, se eu visse ia dar bronca, ia me meter, a não ser que elas já tivessem pacto" (Carmem).

A mãe-de-santo Elza, apesar de se apresentar "discriminando" os *adés*, pois faz questão de dizer que não aceita nenhum em sua casa-de-santo, afirma: "Se eu tivesse um *adé* lá no terreiro, ele estaria lá todo dia para brilhar e tudo andaria bem. Mas eu não gosto. Aí a casa fica do jeito que está."

A exaltação dos méritos dos *adés* não é estendida às *monokós*. Estas são menos faladas e, quando os *homens* e *adés* lhes fazem referência, mostram um sentimento mesclado de "respeito medroso", como Bené: "Para as *monokós* eu me curvo, são mais perigosas que os *adés* nas disputas, adoram um *lorogum*", ou como Jonas: "São mais discretas, menos camufladas, dizem que são porque gostam, mesmo as que não são masculinizadas; são mais sérias, mais duras, de menos brincadeira, mas são ótimas e não negam fogo numa provocação." Sobre elas, dizem as *mulheres* e *monokós*: "São mais discretas que os *adés*, têm mais classe" (Carmem); "quando esquentam, ninguém segura, têm vontades maiores que os *homens* e *adés*" (Elza); "agora é moda, é chique ser *roçadeira*, acho que elas querem é competir com os *adés* mais do que com os *homens*" (Quininha); "têm a mesma face do *adé*, porém se dão mais respeito, ninguém mexe com elas" (Tereza).

No entanto, o sistema de classificação sexual possui parâmetros fundamentais ligados à perspectiva religiosa: "Para o público em geral, o que interessa é se alguém é homem ou mulher, se leva vida legal (heterossexual) ou ilegal (homossexual). No candomblé, todos se aceitam como irmãos. Não existem duas situações, existem quatro: homem/homem, mulher/mulher, homossexual/homem, homossexual/mulher" (Gustavo). Vale notar que o emprego do termo homossexual conota a presença de categorias externas ao mundo dos terreiros.

O relacionamento estreito entre o mundo dos terreiros e a sociedade abrangente é visto como responsável pela complexidade do *ethos* e da visão de mundo do *"povo-de-santo"*. Isto supõe também que as várias identidades sexuais são explícitas e visíveis, existindo papéis sociais legítimos para todas. De acordo com Dario: "O candomblé não faz restrições sobre o fazer sexo de alguém. É por isso que lá tem maior número de filhos-de-santo 'veados'. Todo mundo sabe quem é quem e pronto. Não se vê isto em outras *religiões.*" (*grifo meu*)

"Ser do santo", não importa de que "nação", supõe ainda o uso do "sotaque". Tanto na "Roda de Santo", como na "Roda de Samba", são utilizadas linguagens específicas. Na primeira, a língua ritual africanizada; na segunda, o uso abundante de provocação através de metáforas e alegorias em português, que aludem à realidade do "povo-de-santo". Porém, quase sempre, o significado foge do campo semântico usual dos termos empregados, sendo comum o hermetismo de iniciados.

"Ser do santo" significa também saber provocar jocosamente, fazer picuinha, zombar das pessoas e fatos, conhecer como "fazer presença" (autovalorização). "Ser do santo" é conhecer a vida daqueles que "são do santo". O "sotaque" como troca de insultos pessoais, como desafio, pode ou não gerar conflitos, pois comporta a crítica, o elogio, o convite e a recusa deste, especialmente na "Roda de Samba" (Leão Teixeira *et alii*, 1985).

O "sotaque" é um mecanismo direto para enquadrar socialmente um adepto através da identidade sexual assumida ou atribuída. A utilização dessa maneira de falar pode ser vista também como uma estratégia de preservação dos grupos de candomblé em situação de perigo externo, como a presença de desconhecidos ou da polícia (Leão Teixeira *et alii*,1985).Vogt e Fry (1983), examinando a comunidade do Cafundó, mostram como a "língua" descoberta pelos pesquisadores tornou-se um "tesouro" ao mesmo tempo que se constitui num "segredo", distintivo, ou sinal diacrítico, de sua identidade social, e sobretudo como fonte de poder.

O "dialeto do santo" e o "sotaque", da mesma forma, constituem "segredos", além de credenciais indispensáveis para alguém ser considerado "do Santo". É precisamente este linguajar que encobre o "segredo" maior: a supervalorização da sexualidade, que aparece subjacente nos discursos orais e gestuais, nas posturas corporais das "Rodas de santo" e "Samba" e na organização social dos terreiros.

O "dialeto" pode, então, ser considerado também como uma estratégia de poder, que limita ou separa os "de dentro" (iniciados) e os "de fora" (não-iniciados). Este linguajar visa, ainda, encobrir a "verdade" dos terreiros: que neles a valorização do corpo é máxima, uma vez que este é veículo da manifestação das divindades individualizadas (fala-se sempre do *Ogum* de fulana, da *Iemanjá* de sicrana etc.), ou como *locus* do prazer.

A sexualização do falar e dos rituais está inscrita na lógica da vida social dos terreiros. Nas casas-de-santo todos falam de sexo; não só falam como o ritualizam. Assim vai se cumprindo uma profecia (Merton, 1970): guardando as "verdades" pertinentes a cada mundo, misturando-se, erigindo-se uma versão familiar a toda sociedade, a respeito do mundo dos candomblés. Isso, no entanto, não quer dizer que não exista uma "moralidade" própria aos "macumbeiros". Existe, sim; ela diz respeito à explicitação e à visibilidade das identidades sexuais por eles reconhecidas.

A divisão social de trabalho

A divisão de tarefas nas atividades litúrgicas e de manutenção das instalações dos terreiros, e ainda a preparação de festividades, é feita de acordo com os critérios dados pelos princípios masculino, feminino e da senioridade (Lépine, 1982). Estes são fatores preponderantes no sistema de classificação dos "macumbeiros" (Barros, 1983) e se refletem na organização social das casas-de-santo. Outros fatores, como aptidão individual, posição social, nível econômico e disponibilidade de tempo, são importantes, e, em certa medida, relativizam o principal: o sexo biológico de cada membro do terreiro.

Somente um dos meus entrevistados mencionou o fator econômico como relevante, correlacionando-o também à situação privilegiada dos *adés*. Segundo Márcio, "a maior parte dos homossexuais que procuram os terreiros tem uma situação econômica mais elevada que os outros participantes. Os terreiros estão mais preocupados em sobreviver do que em não aceitar alguém que pode ajudar o grupo..."

Observei, no entanto, que todas as pessoas de "nível alto" têm vantagens em termos de se livrarem de trabalhos ditos mais pesados e desvalorizados: cozinhar, lavar, passar roupa, arrumar, varrer etc. Notei também que estes agentes especiais contribuem com mais dinheiro e cumprem tarefas condizentes com o seu *status* dentro e fora dos terreiros, o que Dantas (1979) também observara. São os responsáveis pelo transporte, usando seus carros ou pagando veículos para compras e atividades rituais, como idas a cachoeiras e praias, ou acompanhando os dirigentes das casas nas visitas a outros terreiros. Isso se dá, no entanto, sob forma de "convite" e não de "ordem" ou de regra geral. É conotado que a participação é uma "honra", obviamente não oferecida a todos, e uma oportunidade para aprender o "fuxico", os fundamentos do candomblé, argumento bastante convincente na maior parte das vezes. Trata-se de uma estratégia ou mecanismo que estão associados e associam hierarquização social e saber à autoridade que, enfim, visa respaldar o poder de pais ou mães-de-santo sobre todos os adeptos.

À primeira vista, a classificação dos indivíduos em termos de sua força de trabalho repousa sobre o seu sexo fisiológico e associação deste com o sexo mítico, i.e., com o do seu *orixá* principal. As declarações de todos os entrevistados enfatizam que determinadas coisas não podem ser feitas pelas mulheres. Na organização social, existem cargos e funções estritamente masculinos ou femininos, como os de *Ogã* e *Ekedi*, respectivamente. Essa dicotomia se revela acentuada no acesso à hierarquia de poder. De acordo com Gustavo: "Mulher com homem sempre dá briga em casa de candomblé, porque não querem aceitar que tem coisas que elas não podem fazer. Todo *Axé* (casa-de-santo) fundado por mulheres tem sempre um homem no meio. A mulher tem esses impedimentos mesmo que seja de *santo aborô*; é aí que começa a desavença."

Essa é a regra geral explicitada, muito embora não impeça a existência de uma manipulação da sexualidade através da sexualidade mítica. É dito que "prevalece" em relação ao trabalho o "sexo" das divindades: *aborô* (masculino), *iabá* (feminino) e *metá-metá* (masculino/feminino). Porém, o relacionamento e a manipulação dessas duas instâncias de classificação, sexo biológico e sexo mítico, podem mascarar ou confundir as relações sociais entre os sexos e as diferentes identidades sexuais. Como diz Dario: "*Mulher* é raspa de panela no candomblé. O pai-de-santo *ho-*

mem ou *adé* prefere sempre ensinar aos *adés* e aos *homens*. As mães-de-santo também. Não abrem o jogo com as *iabás*, se forem *mulheres*."

A situação dos *adés* está bem próxima do que foi relatado por Clastres (*In*: Fry e MacRae, 1983). No entanto, os *adés* possuem flexibilidade, ou melhor, uma ambigüidade que lhes permite ora ser vistos como *mulheres* ("veados", "bichas"), ora como *homens*, de acordo com o que está sendo valorizado no momento, se a condição biológica masculina (instância religiosa) ou a feminina adotada na instância não-religiosa. Não tem muito peso o fato de serem considerados "ativos" ou "passivos", pois de acordo com Bené, "quem dá come e quem come dá".

É interessante notar que ninguém se refere aos *Ogãs* como *adés*, apesar de alguns deles procederem como tal. A importância destes agentes sociais na hierarquia religiosa, o seu prestígio, o poder de "Pai" das divindades a que são consagrados, ou ainda o seu poder econômico, no caso dos *"ogãs de salão"*, que não possuem maior grau de conhecimento esotérico, impedem que lhes seja dado ou que eles assumam o rótulo de *adé* de acordo com a maioria dos adeptos. Tal fato evidencia o *status* maior da identidade de *homem*.

As *Ekedis*, ao contrário, recebem a *priori* a designação de *monas de aló*, até "prova" que as classifique como *mulheres*. Este fato leva a considerar a grande importância do fator biológico em todas as esferas da vida social dos terreiros, pois elas jamais são percebidas como *homens*.

Birman (1985) mostra que o jogo da ambigüidade – o relacionamento entre sexo biológico e o "sexo" da entidade que alguém "recebe" – se reflete positivamente no prestígio de um pai-de-santo. "A construção de *adé* vai, portanto, retirar da relação com os santos uma fonte importante para a sua alimentação." É, em outras palavras, o que diz Lauro: "Existem coisas que só os *homens* ou *adés* podem fazer, *isto dá a eles uma posição que dá para conservar o machismo*, mesmo que o terreiro seja de uma mãe-de-santo". (grifo meu)

A ambigüidade de *adé fontó* fica expressa também nas palavras de Elza: "Ele não deixa de ser um homem", podendo desempenhar as tarefas e os cargos estritamente masculinos. Esta mãe-de-santo lembra que os *euós*, as proibições e segredos, são acarretados pela menstruação e que após a menopausa as *mulheres* e *monokós* adquirem certas prerrogativas ritualísticas masculinas.

É devido à sua faculdade da gestação que as *mulheres* e *monas do aló* não podem exercer certas atividades essenciais ao culto dos *orixás*, e assim competir em igualdade de condições com os *homens* e *adés*. Pela regra, elas não devem nem podem cuidar de *Exu, Ossâim* e *Egum*, conforme acentuado pelo "povo-de-santo" estudado. Mas toda regra tem exceção... algumas ignoram as interdições e infringem a *lei do santo*, o que lhes traz sanções e descréditos perante aqueles mais zelosos dos dogmas religiosos.

A doutrina, no entanto, favorece mulheres de *aborô* (Orixá masculino), *monokós* ou não, concedendo-lhes fazer certos rituais "se não tiver por perto um *homem* ou *adé*, não importando que eles sejam ou não de *iabá* (*Nanã, Iemanjá, Iansã, Obá ou Euá*)", de acordo com Félix. Podem sacrificar "para os orixás *animais de duas pernas* (galos, pombos etc.) se tiverem recebido a *"mão de faca"* (título), de acordo com vários dos entrevistados. Vale assinalar que tal prerrogativa é conseguida geralmente por aquelas cujo *orixá* principal é *aborô* ou *metá-metá*, não importando se tratarem ou não de *monokós*. Porém, se estiverem menstruadas na ocasião das cerimônias, de nada lhes vale o santo masculino. Às mulheres está negado o direito de sacrificar *animais de quatro pernas* (bodes, cabritos, cágados etc.), mesmo no caso de *Ialorixás* ou de idosas.

É interessante notar que o sangue desses animais é essencial nos ritos de passagem, como os da "feitura de santo", nos quais age como mediador de uma categoria social à outra, neste caso de *abiã* para *iaô*. O sangue humano, no entanto, é visto como refugo físico e como poluidor. É como "material marginal" (Douglas, 1976), que contamina a mulher.

Para manutenção da ordem social, é preciso controlar a inserção das *mulheres* e *monokós* na hierarquia do mando. É uma forma de amenizar o "perigo feminino" em termos de poder nos grupos e de colocar a figura feminina na dependência da masculina nos principais rituais do processo iniciático, por exemplo.

Não deve ser esquecido, entretanto, que o fato de uma *mulher* ou *mona do aló* ter como orixá principal um dos *aborô* pode, e quase sempre isso ocorre, trazer-lhe algumas vantagens. De acordo com a maioria de participantes do "povo-de-santo", essas mulheres suscitam maior respeito, presumindo regalias, como comer primeiro e as parte melhores da comida ritual. Estão liberadas dos trabalhos considerados femininos (varrer, lavar roupa ou costurar), embora tais privilégios não interfiram na estrutura maior de prestígio e poder.

Às *Ekedis* ("as mães dos orixás") estão reservados trabalhos e responsabilidades mais penosos e constantes que dos *Ogãs*. Como é dito por Ursulina: "Homens geralmente se encostam. Eu sou *Ekedi*, por isso posso mandar. *É claro que não vou pedir nada que não seja próprio do serviço de cada um*". (grifo meu)

Os *Ogãs*, sua contrapartida na organização social, possuem maiores vantagens e *status* dentro dos grupos; executam, via de regra, apenas os trabalhos rituais, como a participação na orquestra dos candomblés, o sacrifício de animais e, ocasionalmente, os *sacudimentos* (ritual de purificação). No entanto, são imprescindíveis, principalmente nos terreiros cuja chefia é feminina. Casas-de-santo que não o possuam em seu quadro contrataram os serviços deste agente social em outro terreiro para festas e sacrifícios especiais. Vale notar que pais e mães-de-santo se curvam e tomam a bênção de *Ogãs* e *Ekedis*,[6] já que ambos são objeto do maior respeito por todos os do "povo-de-santo"; mas apenas os primeiros recebem deferências, como a colocação de mesas especiais para as refeições.

Em relação ainda às "mulheres que gostam de mulheres", não há quase possibilidade de elas serem consideradas *homens*, sobretudo em termos da divisão de trabalho religioso. Seu sexo biológico as conduz imediatamente ao enquadramento na categoria ampla *mulher*, apesar de ocuparem posições elevadas como mães-de-santo ou *Ekedi*. A figura feminina está, pois, sempre subjugada à masculina, sobretudo no que diz respeito às atividades religiosas essenciais à manutenção e reprodução dos grupos de culto, o que lhes acarreta diminuição de poder.

Por tudo que já foi colocado, os *giletes* ("o 5º sexo do candomblé", "os enrustidos", os "malhados", "os que transam com homens e mulheres") geralmente são malvistos. É necessário sempre assumir uma das quatro identidades sexuais legitimadas; ficar em cima do muro é contra a moral do "povo-de-santo".

Assim, as identidades são constituídas a partir do direcionamento sexual explicitado por cada um, porém é revelante o fator biológico (Quadro C). Isso, no entanto, não produz uma inversão nos papéis sociais, como entre os berdaches da América do Norte e os guaiaquis do Paraguai (Fry e MacRae, 1983).

---

6. Costa Lima (1977), detalhando as atribuições próprias dos *Ogãs* e *Ekedis*, evidencia a maior relevância do agente masculino, sobretudo por seus inúmeros títulos honoríficos e especialidades rituais. Pode-se dizer mesmo, como alguns dos meus entrevistados, que a "imprescindibilidade" do *Ogã* favorece e é favorecida pela valorização e poder do elemento masculino.

QUADRO C
RELACIONAMENTO DAS IDENTIDADES:
SEXO BIOLÓGICO E SEXO MÍTICO

Categorias Identidades Sexuais	Sexo Biológico	Sexo Mítico	Sexo Social	
			Ativ. Religiosa	Ativ. Não-religiosa
Homem/Aborô	M	M	M	M
Homem/Iabá	M	F	M$^{(1)}$	M$^{(2)}$
Homem/Metá-Metá	M	M/F	M$^{(1)}$	M$^{(1)}$
Mulher/Aborô	F	F	F$^{(2)}$F$^{(2)}$	—
Mulher/Iabá	F	F	F	F
Mulher/Metá-Metá	F	M/F	F$^{(1)}$	F$^{(1)}$
Adé/Aborô	M	M	M	F$^{(3)}$
Adé/Iabá	M	F	M$^{(1)}$	F$^{(3)}$
Adé/Metá-Metá	M	M/F	M$^{(1)}$	F$^{(3)}$
Monokó/Aborô	F	M	F$^{(2)}$	F$^{(2)}$
Monokó/Iabá	F	F	F	F$^{(2)}$
Monokó/Metá-Metá	F	M/F	F$^{(1)}$	F$^{(2)}$

M = Macho/Masculino
F = Fêmea/Feminina
M/F = Macho/Fêmea

(1) prevalece o sexo biológico
(2) prevalece o sexo mítico
(3) prevalece a ambigüidade

É importante perceber a existência de dois códigos semelhantes aos que foram mostrados por Maggie (1975):

1. o "burocrático", que diz respeito à organização e à legalização das casas de candomblé em termos de compra, venda e aluguel de imóveis – quase todos os terreiros têm um "corpo administrativo", geralmente composto por *Ogãs* e filhos-de-santo de melhor condição socioeconômica, que

auxiliam o dirigente máximo. Esse código está remetido às atividades eternas do terreiro, às transações com órgãos e instituições que não os do "povo-de-santo";

2. o "do Santo", relacionado aos fundamentos *(axé,* conhecimento esotérico, iniciação), que privilegia, sem deixar de considerar fatores tais como o econômico, o sexo biológico e o "sexo mítico" dos adeptos.

É óbvio que essa duplicidade pode redundar numa fonte de conflitos, pois alguns preferem privilegiar mais um código que o outro. No entanto, aponta, por um lado, para o estreito relacionamento de duas realidades: o mundo dos candomblés e o da sociedade abrangente, e, por outro lado, influencia na correlação das forças, no jogo de poder, no *Iorogum* entre as identidades sexuais.

Assim, um terreiro é aparentemente uma "cidade das mulheres", como afirmado por Ruth Landes (1967), autora que reduz a questão ao número maior de adeptos femininos; os *adés* (no seu entender "homossexuais passivos") são percebidos como figuras identificadas à mulher. Mas será à toa que os *homens,* os *adés,* as *mulheres* e as *monokós* de orixá *aborô* possuem os mais altos postos na hierarquia, são servidos primeiramente nos banquetes rituais e nas refeições diárias com as melhores porções?...

Silverstein (1979) considera que existe uma inversão simbólica em termos de "poder físico", "poder econômico" e "poder simbólico", com referência à subordinação da mulher como fato universal. Diz: "O candomblé da Bahia continua até hoje a transmitir e ao mesmo tempo criar uma ideologia popular, não só dele ou das religiões afro-brasileiras em geral, mas também da mulher negra como 'mãe de todo mundo'". Conclui que a inversão simbólica tem "sua raiz última no fato de que a hierarquia do parentesco ritual que compõe a família-de-santo tem uma estrutura de poder oposta ao tipo ideal da família brasileira, a família patriarcal".

De acordo com o exposto, o mundo sexualizado dos terreiros de candomblé não constitui uma inversão, mas uma reinterpretação e uma reprodução parcial do modelo classificatório vigente na sociedade brasileira mais ampla, o qual supõe uma relação de dominação/subordinação entre machos e fêmeas, incluindo-se aí, numa gradação especial, os *adés*.

As relações de poder

O "povo-de-santo" estudado e os terreiros de candomblé em geral, ao englobar pessoas de diferentes níveis sociais e econômicos, possuem duas perspectivas que se mesclam no tocante às identidades e papéis sexuais: a "tradicional" e uma "mais moderna", conforme mostraram Fry e MacRae (1983).

Na sociedade abrangente, os indivíduos que se definem ou são definidos como "homossexuais" estão colocados nas margens da estrutura social, classificados quase sempre como "pervertidos" e "desviantes" (Fry, 1982). No mundo dos terreiros, as identidades de *adé* e *monokó*, por possuírem respaldo mítico, têm este cunho marginal e patológico minimizado. É importante notar que uma hierarquização estipula e rege as relações de poder entre as diferentes identidades sexuais. E vale ressaltar que esta reproduz, em termos, o modelo "tradicional" legitimando relações de dominação/subordinação inerentes às existentes entre homens e mulheres. A colocação de Fry e MacRae (1983) se aplica à situação percebida do "povo-de-santo" estudado, qual seja, a de que "neste Brasil popular, as relações entre homens e mulheres não são caracterizadas apenas por complementaridade de funções. São caracterizadas também por diferenças de poder, de tal forma que o homem é considerado socialmente superior à mulher (...) o candomblé, então, oferece a possibilidade de um jovem rapaz ou menina homossexual transformar seu estigma social em vantagem", porém de forma mais relevante para os *adés*.

Cabe considerar que a ambigüidade do *adé* é a principal responsável pela sua valorização. Afinal os orixás *Logunedé* e *Oxumarê*[7] não são, alternada ou simultaneamente, macho e fêmeas? O orixá *Exu* também não comporta os princípios masculinos e femininos, sendo considerada a sexualidade propriamente dita? O entrevistado Salvador diz sobre o relacionamento da sexualidade mítica com a humana: "Uma pessoa de *Iansã*, sendo homem, é claro que vai ser bem mais fácil assumir sua 'veadagem'. Uma mulher possuindo *orixá* macho (*aborô*) poderá se valer disso para explicar por que gosta de mulheres... Agora bom mesmo é ser de *Logunedé* ou de *Oxumaré*, melhor ainda ser de *Exu*, ninguém pode dizer nada... Eles são as variações do sexo em sua plenitude. É por isso que todo 'veado' ou 'sapatão' quer ser de *Logunedé* ou *Oxumaré*." No entanto, as *monas do aló* possuem menos respaldo mítico (não existe uma divindade feminina, uma *iabá*, que tenha características semelhantes às dos *orixás* anteriormente mencionados) e não recebem o mesmo tratamento positivo, em termos de posição e prestígio, como visto no item anterior.

É necessário ressaltar que a classificação *metá-metá* dada aos orixás *Logunedé* e *Oxumaré* fica restrita ao plano mítico. Esse orixás, na prática dos terreiros, são ditos também *aborôs*, i.e., seu apecto masculino prevalece, no que toca à divisão social do trabalho e nas atividades litúrgicas, como no *Xirê* (Leão Teixeira, 1986), quando são reverenciados (cantados e dançados) na seqüência do candomblé, junto a outros *orixás aborô*.

As festas em louvor aos *orixás* estão marcadas pelos princípios da senioridade e da classificação da sexualidade.

---

7. De acordo com o poeta macumbeiro Ruy Dias (1975): "Ele é um Oxumaré/Ele é homem mas não é/Ele é mulher mas não é/Ele é os dois mas não é/Ele é um Oxumaré."

São eles os principais elementos na sua organização e realização. Primeiramente são louvados os *orixás aborôs* e/ou os *mais velhos*, como a *iabá Nanã*. Embora pequenas modificações possam ocorrer na seqüência dos *Xirês*, de acordo com as normas ou *fundamentos* de cada casa-de-santo, inevitavelmente a "Roda de Santo" é iniciada com os cânticos para *Exu* e *Ogum (aborôs)*. São louvados a seguir, geralmente, *Oxóssi, Ossâim, Obaluaiê (aborôs), Nanã, Iansã, Obá, Euá, Oxum, Iemanjá, (iabás)* e *Logunedé (meta-metá)*. Depois dessa divindade, o dirigente faz uma parada para descanso. Após o intervalo pequeno, reinicia-se o *Xirê* com os cânticos "de fundamento ou de chamar Santo", momento denominado *Roda de Xangô* ou *Roda de Dadá*, considerado o mais propício para o transe.[8]

É importante notar que cada um dos *orixás* é saudado por seus respectivos *filhos* e *filhas* com reverências próprias: o *iká* para os *aborôs* e o *adobale* para as *iabás*. É interessante observar que *Oxumaré* recebe o cumprimento ritual dos *aborôs* e *Logunedé* um *adobale* parcial.

A importância da sexualidade mítica aparece ressaltada também nos trajes e adereços que *homens, mulheres, monokós* e *adés* portam. Por exemplo, os *ojás (turbantes ou panos de ori)* são indicadores do "sexo" do *orixá* principal de quem os usa, assim como podem indicar também o tempo de iniciação do adepto: com *asas* ou *abas* mostram que o iniciado é consagrado a uma das *iabás*. Caso contrário, estando a cabeça apenas envolta, é a um dos *aborôs*.

Estes aspectos, entre outros observados, indicam que no *Xirê* estão simbolizadas noções abstratas como sexualidade, poder, autoridade etc. (Zaluar, 1983) e seus relacionamentos na prática social do "povo-de-santo".

---

8. Esses dados são fruto da observação de vários candomblés na Casa de Carlinho d'*Oxum, Nação Ketu-efam*, situada em Vaz Lobo, R.J. A este *Babalorixá* e às *Ialorixás* Antonieta Alvez, Marilda de *Iansã* e *Omindareuá* agradeço a colaboração e as atenções recebidas em todos os momentos da pesquisa.

A concorrência – o *iorogum* – entre os sexos fica expressa através do controle que é exercido sobre as diferentes identidades apontadas. Daí a necessidade da explicitação de cada um sobre o seu papel sexual ("Roda de Samba"). É através da classificação da sexualidade, assumida ou atribuída, que a gradação hierárquica de poder encontra legitimidade. O Quadro C esquematiza a lógica que fundamenta e legitima a posição privilegiada dos *homens* e dos *adés*.

O "povo-de-santo" em questão reproduz assim o quadro vigente na sociedade mais ampla: à *mulher* e à *monokó* cabem as tarefas menos valorizadas e uma posição de poder relativizada. Apesar de terem uma atitude "mais agressiva", "mais liberta" e de "não levarem desaforos para casa", são ainda percebidas como objetos de prazer e/ou de simples uso prático. Em resumo, estão submetidas à lógica masculina. A seguinte colocação de Jonas evidencia gradação de poder e prestígio em termos de opção sexual: "Minha mãe-de-santo todo mundo tem medo dela, dizem que é bruxa, que ela é perversa... eles têm é inveja... ela e outras lá de *Casa* enfrentam qualquer polícia e não são *monokó* não..."

Ser *homem* ou *adé*, por conseguinte, é fato extremamente valorizado. Os discursos a seguir e os anteriormente mencionados evidenciam a posição privilegiada destes agentes sociais: "É a mesma coisa que aqui fora. Os homens levam a melhor, os *Ogãs*, e os filhos de santo *aborô*... eu não queria ser *mulher* num terreiro" (Honório); "quem comanda o candomblé aqui no Rio são os *adés*, eles entendem de candomblé, eles é que fazem o candomblé, eles cantam e se vestem muito bem, eles querem abrir Casa e soltar as plumas, eles se julgam superiores às *mulheres* e aos *homens*" (Dario); "os *adés* todo mundo aceita numa boa, o candomblé para eles é o máximo, eles se dedicam como ninguém" (Raimundo); "pai-de-santo *homem* não tem tanto sucesso quanto o *adé*, são mais tímidos, não têm a ginga, o jeitinho, a política do *adé*" (Jonas); "*adé* tem arte, mulher não tem arte, então eles são necessários"(Bené). É conveniente assinalar que esses depoimentos são de *homens* ou de *adés*, os de *mulheres* e *monokós* são menos enfáticos...

Participando ativamente e executando todo o processo da vida social dos terreiros, os *adés* adquirem maior realce no cenário religioso e no dia-a-dia das casas-de-santo, da mesma forma que o relatado por Alvim (1972) em relação aos "artistas do ouro".

Em grande parte, é a mobilidade do *adé* a responsável por sua "arte". Daí poder-se pensar sua valorização como decorrência da mediação que este agente social estabelece entre as categorias complementares e opostas. Como ambíguo – o que não acontece com a *monokó* – pode transitar em qualquer instância da vida social e religiosa.

Considerações finais

A sexualidade, como mostrado, está inscrita na lógica da vida social dos terreiros. Nas casas-de-santo todos não só falam dela como a ritualizam nas várias instâncias da vida social.

Foi percebido que uma "verdade" se esconde no "segredo" que todos – "macumbeiros" e "não-macumbeiros" – sabem: a supervalorização do fator sexual.

A aceitação de identidades sexuais estigmatizadas ou marginalizadas na sociedade abrangente, como as de *adé* e *monokó*, por um lado promove a peculiaridade da visão de mundo e do *ethos* do *povo de santo* estudado. Por outro, propicia uma hierarquização diferenciada das categorias ou "classes" sexuais, na qual, no entanto, fica mantida a relação de dominação/subordinação. Paralelamente, pode-se perceber que não existe uma inversão nas relações de poder, pois ao macho (homem*)* e ao ambíguo (*adé*) é concedida a maioria das vantagens e benefícios, em termos de valorização de suas respectivas forças de trabalho e, conseqüentemente, alcance de prestígio (mesmo em casas-de-santo cuja chefia é exercida por uma *mulher* ou *monokó*). Esta situação é que, em última instância, traz o poder às suas mãos. A *mulher* e a *mona do aló* vivenciam uma situação de dependência explícita devido ao sexo biológico feminino. O prestígio que alcançam pode ser até muito grande, mas seu poder quase sempre está cercado pela necessidade de uma figura masculina auxiliando-a na instância religiosa.

Desta forma, os terreiros e os "macumbeiros" em geral, apesar de possuírem uma política sexual própria, não conseguem escapar do "machismo" que geralmente pauta as relações entre os sexos, sendo este produzido pelos *adés* em relação à *mulher* e à *monokó*. Por sua vez, é bom frisar, o *adé fontó* se encontra submetido ao *homem*.

Em suma, o mundo dos candomblés não pode ser visto como comumente é colocado, ou seja, como um espaço privilegiadamente feminino. Deve ser pensado como um território masculino, principalmente em termos de poder.

O mundo dos terreiros deve ser pensado também como um espaço onde a sexualidade, ou o exercício das identidades sexuais, se constitui num "caminho para o poder".

Referências bibliográficas

ALMEIDA, R. "O Iorogum num candomblé baiano". Salvador, *Estado da Bahia*, 24 abr. 1954.

ALVIM, M.R.B. *A arte do ouro*. Rio de Janeiro: Museu Nacional, PPGAS-UFRJ, 1972 (Dissertação de mestrado – mimeo).

AUGRAS, M. *O duplo e a metamorfose: a identidade mítica em comunidades nagô*. Petrópolis: Vozes, 1983.

BARROS, J.F.P. *Ewé o Osanyin – sistema de classificação de vegetais em casas de santo jeje-nagô de Salvador*. Departamento de Ciências Sociais, Faculdade de Filosofia, Letras e Ciências Humanas, USP, 1983 (Tese de doutoramento – mimeo).

BIRMAN, P. "Identidade social e homossexualismo no candomblé". *Religião e Sociedade*. Rio de Janeiro, 12:2-21, 1985.

BOTH, E. *Família e rede social*. Rio de Janeiro: Francisco Alves, 1976.

COSTA LIMA, V. *A família-de-santo nos candomblés jeje-nagô da Bahia: um estudo de relações intragrupais*. Coordenação de Pós-Graduação em Ciências Humanas, UFBa, Salvador, 1977 (Dissertação de mestrado – mimeo).

DANTAS, B.G. "Organização econômica de um terreiro nagô". *Religião e Sociedade*. Rio de Janeiro, 4:181-191, 1979.

DIAS, R. *São sete conchas douradas no calor de Yemanjá*. Rio de Janeiro: José Olympio/Instituto Nacional do Livro, 1975.

DOUGLAS, M. *Pureza e perigo*. São Paulo: Perspectiva, 1976.

FRY, P. *Para inglês ver: identidade e política na cultura brasileira*. Rio de Janeiro: Zahar, 1982.

LANDES, R. *A cidade das mulheres*. Rio de Janeiro: Civilização Brasileira, 1967.

LÉPINE, C. *Contribuição ao estudo do sistema de classificação dos tipos psicológicos no candomblé Ketu de Salvador.* Departamento de Ciências Sociais, Faculdade de Filosofia, Letras e Ciências Humanas – USP, 1978 (Tese de doutoramento – mimeo).

MAGGIE, Y. *Guerra de orixá.* Rio de Janeiro: Zahar, 1975.

MAGGIE, Y., CONTINS, M. "Gueto cultural ou a umbanda como modo de vida". *In: O desafio da cidade.* Rio de Janeiro: Campus, 1980.

MERTON, R.K. A profecia que se cumpre por si mesma. *In: Sociologia – Teoria e estrutura.* São Paulo: Mestre Jou, 1970.

SANTOS, D. *Axé Opô Afonjá.* Rio de Janeiro/Instituto Brasileiro de Estudos Afro-Asiáticos, 1962.

———. *Contos crioulos da Bahia.* Petrópolis: Vozes, 1976.

———. *Contos de Mestre Didi.* Rio de Janeiro: Codecri, 1981.

SILVERSTEIN, L. "Mãe de todo mundo: modos de sobrevivência nas comunidades de candomblé da Bahia". *Religião e Sociedade,* Rio de Janeiro, 4:143-69, 1979.

TEIXEIRA, M.L. Leão. *Transas de um povo-de-santo: um estudo sobre identidades sexuais.* Instituto de Filosofia e Ciências Sociais – UFRJ, 1986 (Dissertação de mestrado – mimeo).

TEIXEIRA, M.L. Leão, SANTOS, M.L., BARROS, J.F.P. *O rodar das rodas: dos orixás e dos homens.* Rio de Janeiro: INF/ FUNARTE, Concurso Sílvio Romero, 1985.

TUCKER, P., MONEY, J. *Os papéis sexuais.* São Paulo: Brasiliense, 1981.

TURNER, V. W. Syntaxe du symbolisme d'une réligion africaine. In: *Le comportement rituel chez l'homme et l'animal.* Paris: Gallimard, 1971.

VOGT, C. "O dizer e o fazer da linguagem ou façam o que digo, mas não diga o que faço". *In: Caminhos cruzados.* São Paulo: Brasiliense, 1982.

VOGT, C., FRY, P. "Ditos e feitos da falange africana do Cafundó e da Calunga do Patrocínio (ou de como fazer falando)". *Revista de Antropologia,* São Paulo, XXVI, 1983.

ZALUAR, A. *Os homens de Deus.* Rio de Janeiro: Zahar, 1983.

Obras do Organizador

Publicações: *O visconde de Garatinguetá – um titular do café no Vale do Paraíba*, 1976; *Os Galvão de França no povoamento de Santo Antônio de Garatinguetá*, 3ª ed., 1995; *Notas para a história do espetáculo na Província de São Paulo*, 1978; *Retratos quase inocentes* (organizador), 1983; *Vida cotidiana em São Paulo no século XIX – memórias, depoimentos, evocações* (organizador), 1999; *A travessia da Calunga Grande – três séculos de imagens sobre o negro no Brasil (1637-1899)*, no prelo.

Principais traduções: Pierre Clastres. *Arqueologia da violência. Ensaios de antropologia política*, 1982; Michel Taussig. *Xamanismo, colonialismo e o homem selvagem – um estudo sobre o terror e a cura*, 1993; Mike Featherstone. *O desmanche da cultura – globalização, pós-modernismo e identidade*, 1997; Pierre Verger. *Notas sobre os cultos dos orixás e voduns na Bahia de Todos os Santos, no Brasil e na antiga Costa dos Escravos, na África*, 1999; Lydia Cabrera. *A mata (Igbo - Finda - Ewe Orisha - Vititi nfinda)*, no prelo.

CULTURA E RELIGIÕES AFRO-BRASILEIRAS EM GERAL

Este selo concentra títulos que trazem a público discussões sobre a condição do negro na sociedade brasileira, segundo diferentes perspectivas: preconceitos enfrentados e sobrepujados e os muitos a vencer; questões inerentes às religiões dos orixás, voduns, inquices e entidades assimiladas das religiões de origem européia e indígena.

Os textos foram escritos por professores universitários, pesquisadores, antropólogos, sociólogos, lingüistas, etc. que centram seus trabalhos no desvendamento dessas facetas da identidade sócio-cultural brasileira. O objetivo é conscientizar a sociedade sobre as dificuldades e as barreiras enfrentadas pelo negro em nosso país, para que seja possível o debate, a diminuição e a aceitação das diferenças.

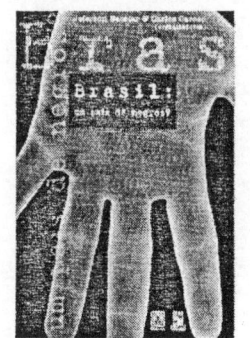

BRASIL, UM PAIS DE NEGROS?
JEFERSON BACELAR E CARLOS CAROSO (ORGS.)
CÓD. 2193 288P. 2 ED.
O livro traz dezoito artigos sobre a construção da identidade e as políticas públicas para afro-descendentes, a relação entre a Academia e a Militância negra e a afirmação cultural do negro.

FACES DA TRADIÇÃO AFRO-BRASILEIRA
CARLOS CAROSO E JEFERSON BACELAR (ORGS.)
CÓD. 2201 344P. 1.ED.
COEDIÇÃO PALLAS / CEAO
Dezoito artigos apresentados no V Congresso Afro-brasileiro, realizado em Salvador – BA, abordam temas como religiosidade, sincretismo, reafricanização, práticas terapêuticas, etnobotânica, alimentação, etc.

O LIVRO DA SAÚDE DAS MULHERES NEGRAS
NOSSOS PASSOS VÊM DE LONGE
JUREMA WERNECK, MAISA MENDONÇA E EVELYN C. WHITE (ORGS.)
CÓD. 2210 260P. 1.ED.
Coletânea de textos que somados aos da edição americana retratam a realidade cruel e segregacionista em que vivem as mulheres negras nos Estados Unidos e no Brasil. Entre os assuntos abordados estão saúde, violência urbana e doméstica, abuso sexual, preconceito, educação, engajamento político.

Este livro foi impresso em 2011
Repro India Ltd.
www.reproindialtd.com

Este livro foi composto na tipologia Footlight MT Light 12/14,4 para o texto e Humanst 521 Lt Bt 14/16,8 para os títulos.
Foram utilizados os papéis Off Set 70g/m² para o miolo e Cartão Supremo 250g/m² para a capa.